Mafalda 9

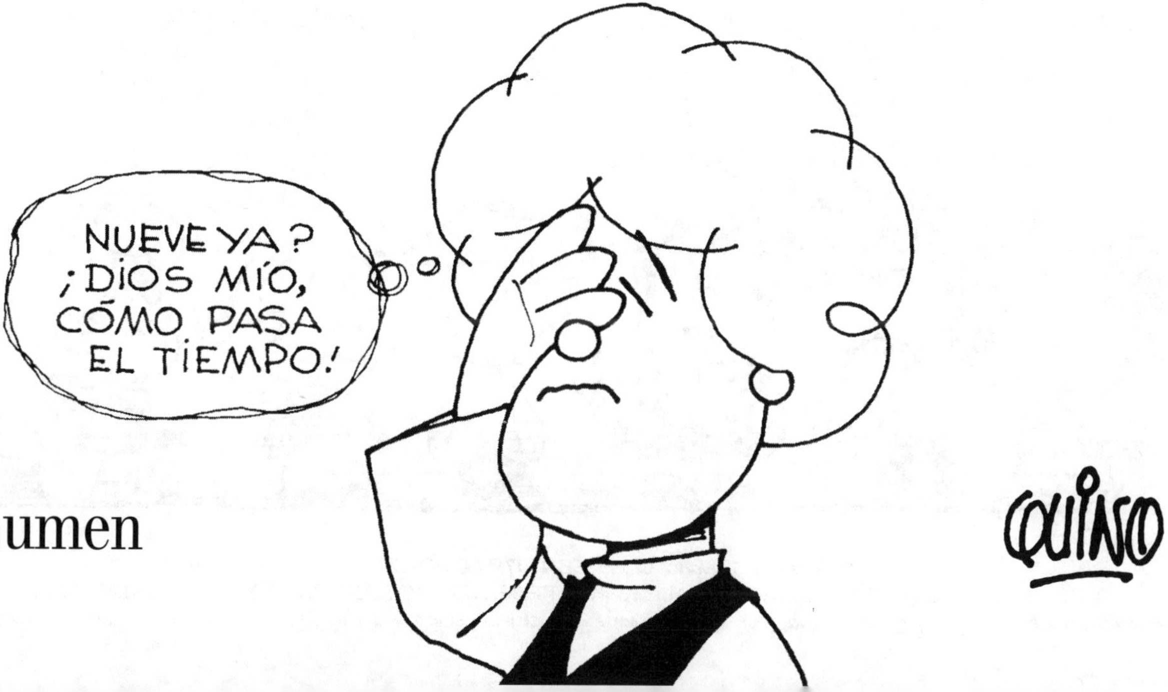
NUEVE YA? ¡DIOS MÍO, CÓMO PASA EL TIEMPO!
QUINO

Lumen

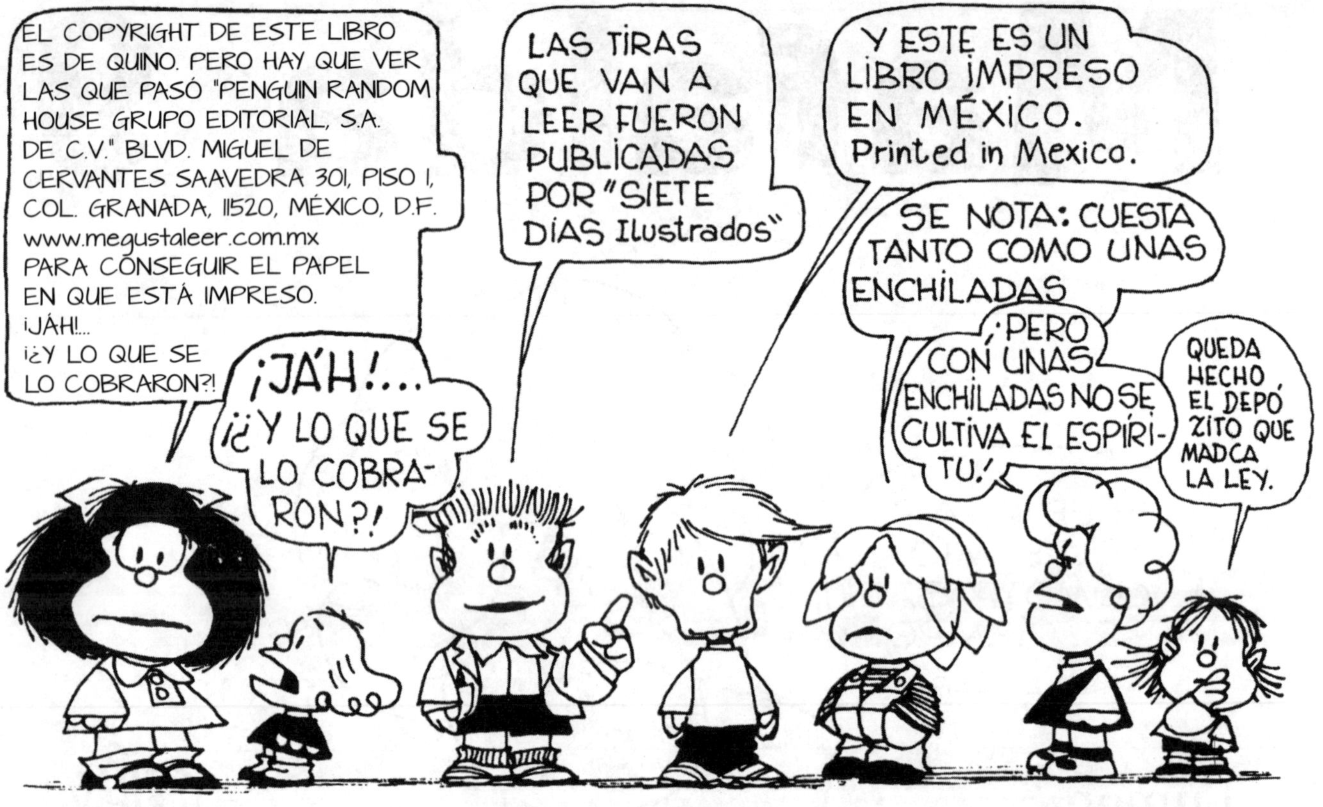
EL COPYRIGHT DE ESTE LIBRO ES DE QUINO. PERO HAY QUE VER LAS QUE PASÓ "PENGUIN RANDOM HOUSE GRUPO EDITORIAL, S.A. DE C.V." BLVD. MIGUEL DE CERVANTES SAAVEDRA 301, PISO 1, COL. GRANADA, 11520, MÉXICO, D.F. www.megustaleer.com.mx PARA CONSEGUIR EL PAPEL EN QUE ESTÁ IMPRESO. ¡JÁH!... ¡¿Y LO QUE SE LO COBRARON?!
¡JÁH!... ¡¿Y LO QUE SE LO COBRA-RON?!
LAS TIRAS QUE VAN A LEER FUERON PUBLICADAS POR "SIETE DÍAS Ilustrados"
Y ESTE ES UN LIBRO IMPRESO EN MÉXICO. Printed in Mexico.
SE NOTA: CUESTA TANTO COMO UNAS ENCHILADAS
¡PERO CON UNAS ENCHILADAS NO SE CULTIVA EL ESPÍRI-TU!
QUEDA HECHO, EL DEPÓZITO QUE MADCA LA LEY.

© Joaquín Salvador Lavado, Quino ISBN: 978-607-31-2274-0 Vol. 9. 1era. edición.

al Monito.

QUINO

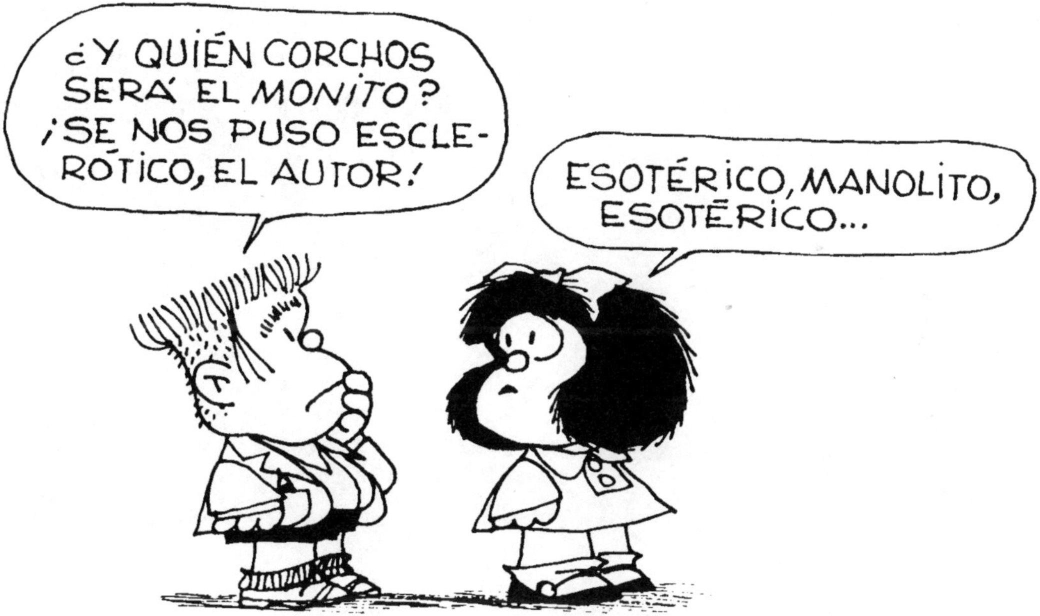
¿Y QUIÉN CORCHOS SERÁ EL *MONITO*? ¡SE NOS PUSO ESCLE-RÓTICO, EL AUTOR!
ESOTÉRICO, MANOLITO, ESOTÉRICO...

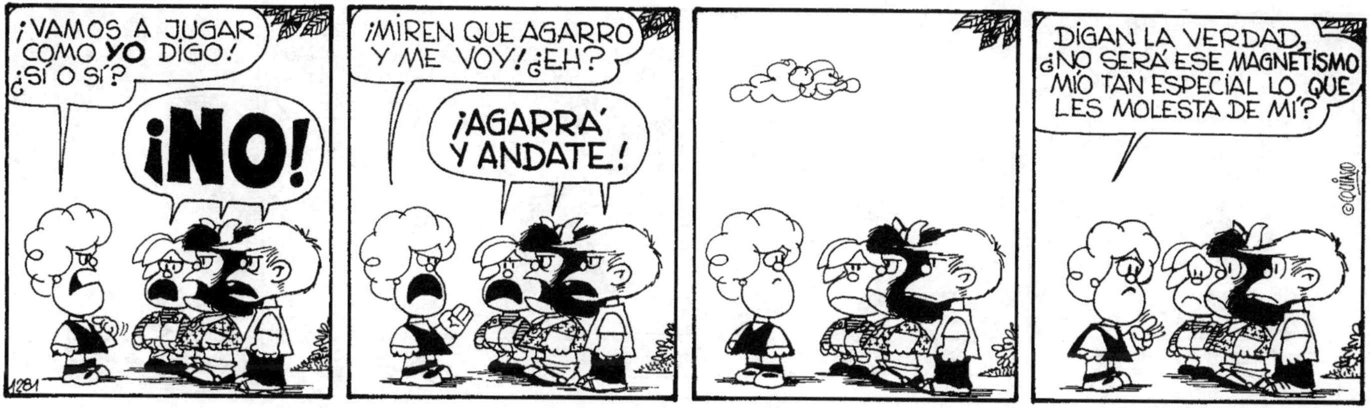
¡VAMOS A JUGAR COMO YO DIGO! ¿SÍ O SÍ?
¡NO!
1281
¡MIREN QUE AGARRO Y ME VOY! ¿EH?
¡AGARRÁ Y ANDATE!
DIGAN LA VERDAD, ¿NO SERÁ ESE MAGNETISMO MÍO TAN ESPECIAL LO QUE LES MOLESTA DE MÍ?
©QUINO

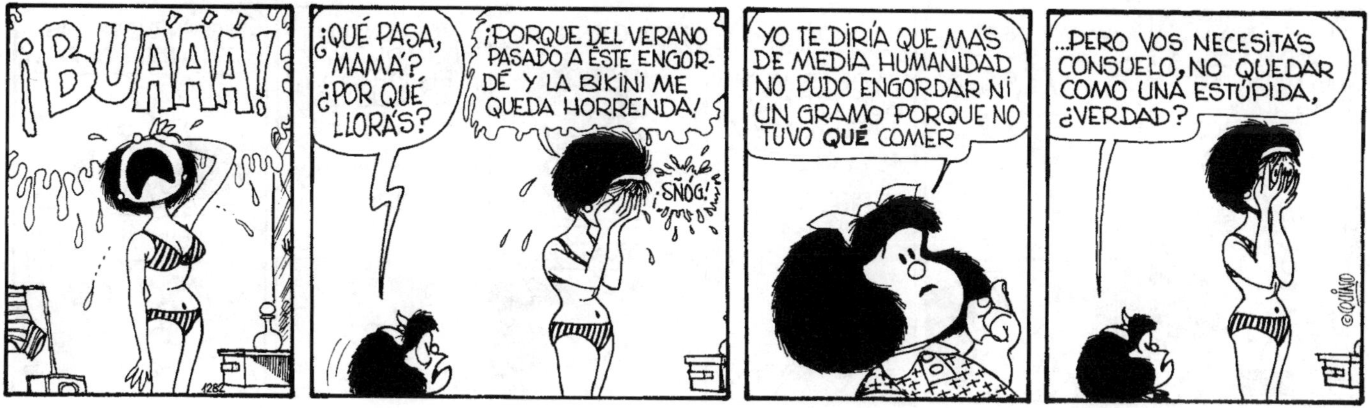
¡BUÁÁÁ!
1282
¿QUÉ PASA, MAMÁ? ¿POR QUÉ LLORÁS?
¡PORQUE DEL VERANO PASADO A ÉSTE ENGORDÉ Y LA BIKINI ME QUEDA HORRENDA!
¡SÑOG!
YO TE DIRÍA QUE MÁS DE MEDIA HUMANIDAD NO PUDO ENGORDAR NI UN GRAMO PORQUE NO TUVO QUÉ COMER
...PERO VOS NECESITÁS CONSUELO, NO QUEDAR COMO UNA ESTÚPIDA, ¿VERDAD?
©QUINO

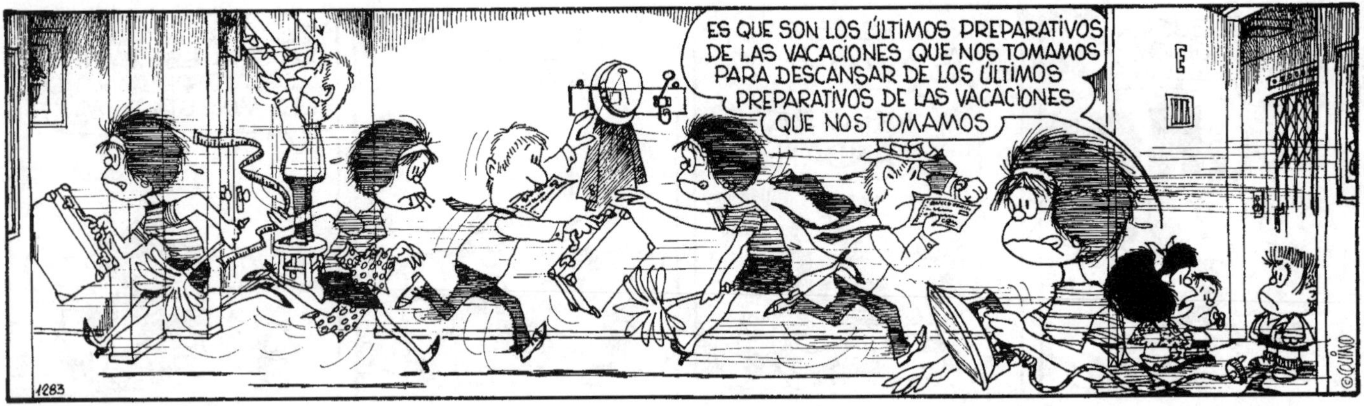
ES QUE SON LOS ÚLTIMOS PREPARATIVOS DE LAS VACACIONES QUE NOS TOMAMOS PARA DESCANSAR DE LOS ÚLTIMOS PREPARATIVOS DE LAS VACACIONES QUE NOS TOMAMOS
1283
© QUINO

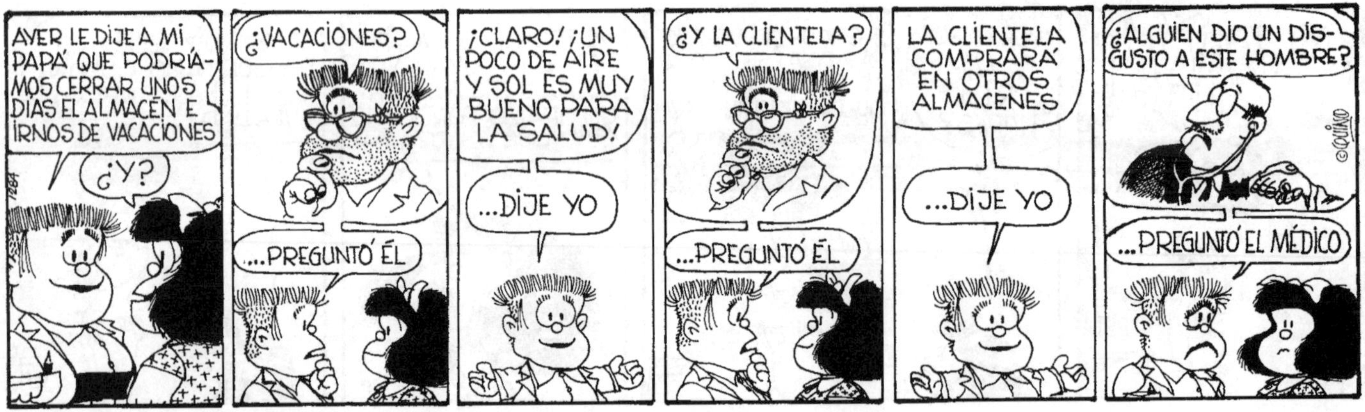
AYER LE DIJE A MI PAPÁ QUE PODRÍAMOS CERRAR UNOS DÍAS EL ALMACÉN E IRNOS DE VACACIONES
¿Y?
¿VACACIONES?
...PREGUNTÓ ÉL
¡CLARO! ¡UN POCO DE AIRE Y SOL ES MUY BUENO PARA LA SALUD!
...DIJE YO
¿Y LA CLIENTELA?
...PREGUNTÓ ÉL
LA CLIENTELA COMPRARÁ EN OTROS ALMACENES
...DIJE YO
¿ALGUIEN DIO UN DISGUSTO A ESTE HOMBRE?
...PREGUNTÓ EL MÉDICO
1284
© QUINO

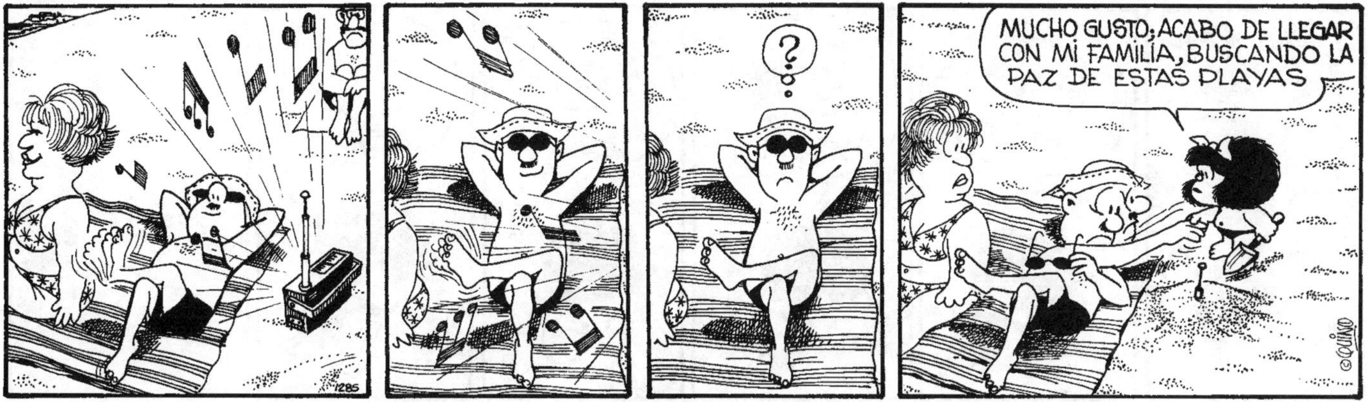
1285
MUCHO GUSTO; ACABO DE LLEGAR CON MI FAMILIA, BUSCANDO LA PAZ DE ESTAS PLAYAS
©QUINO

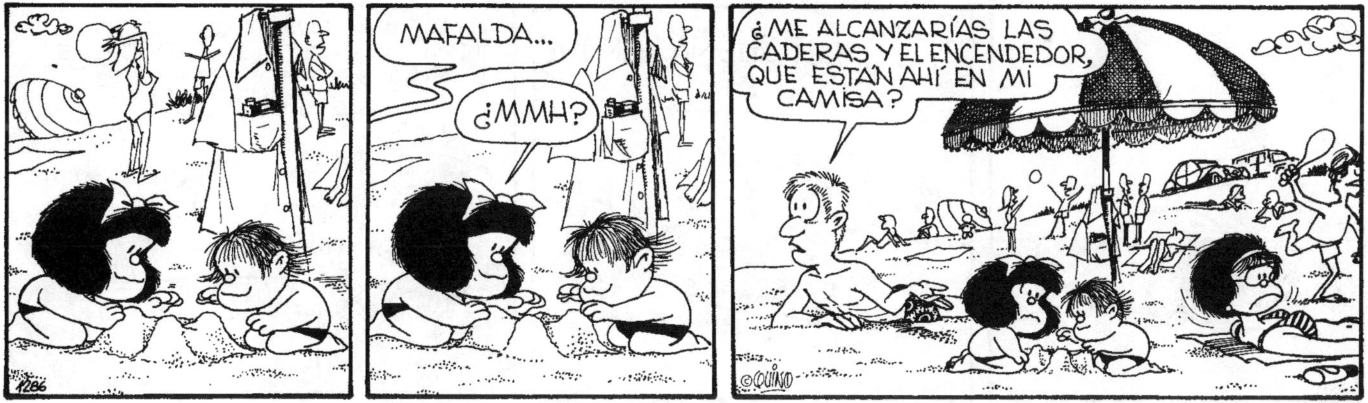
1286
MAFALDA...
¿MMH?
¿ME ALCANZARÍAS LAS CADERAS Y EL ENCENDEDOR, QUE ESTÁN AHÍ EN MI CAMISA?
©QUINO

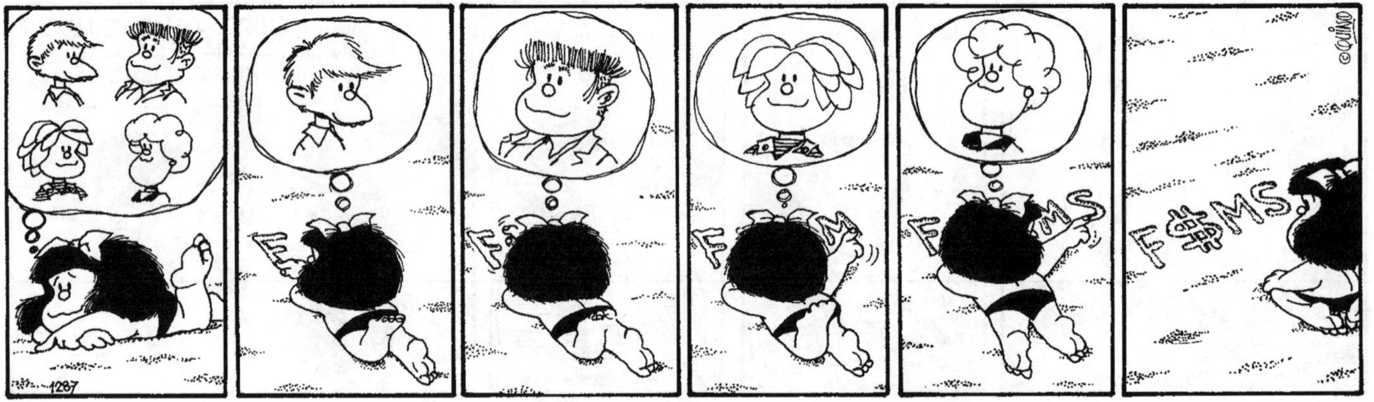
1287
F$MS
©QUINO

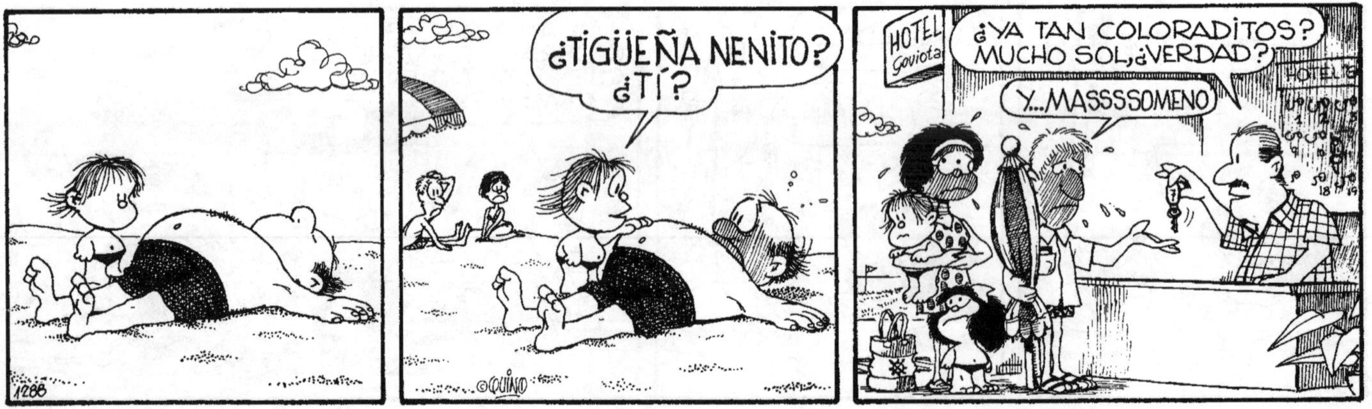
1288
¿TIGÜEÑA NENITO? ¿TÍ?
©QUINO
HOTEL Gaviota
¿YA TAN COLORADITOS? MUCHO SOL, ¿VERDAD?
Y...MASSSSOMENO

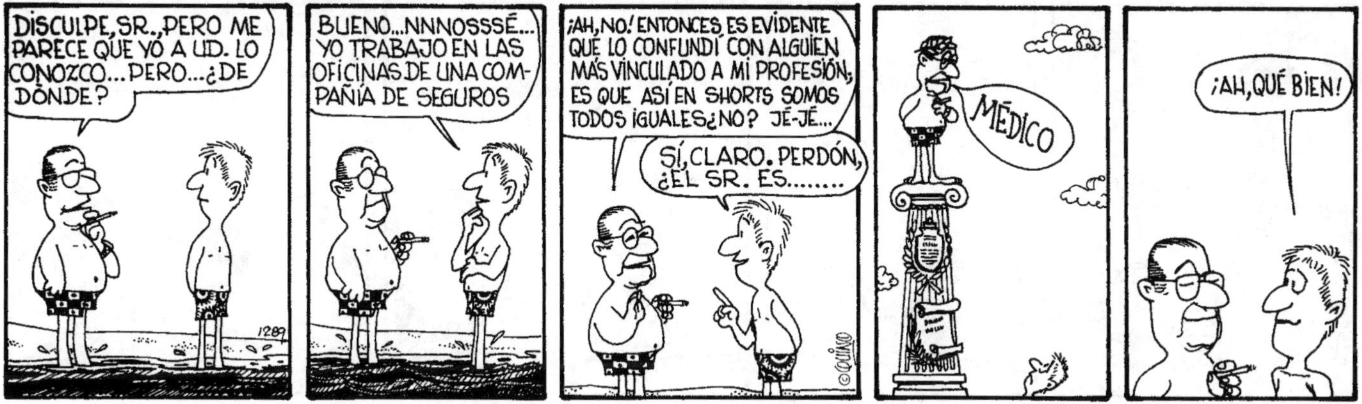
DISCULPE, SR., PERO ME PARECE QUE YO A UD. LO CONOZCO... PERO... ¿DE DÓNDE?
BUENO... NNNOSSSÉ... YO TRABAJO EN LAS OFICINAS DE UNA COMPAÑÍA DE SEGUROS
¡AH, NO! ENTONCES ES EVIDENTE QUE LO CONFUNDÍ CON ALGUIEN MÁS VINCULADO A MI PROFESIÓN; ES QUE ASÍ EN SHORTS SOMOS TODOS IGUALES ¿NO? JÉ-JÉ...
SÍ, CLARO. PERDÓN, ¿EL SR. ES........
MÉDICO
¡AH, QUÉ BIEN!
1289
© QUINO

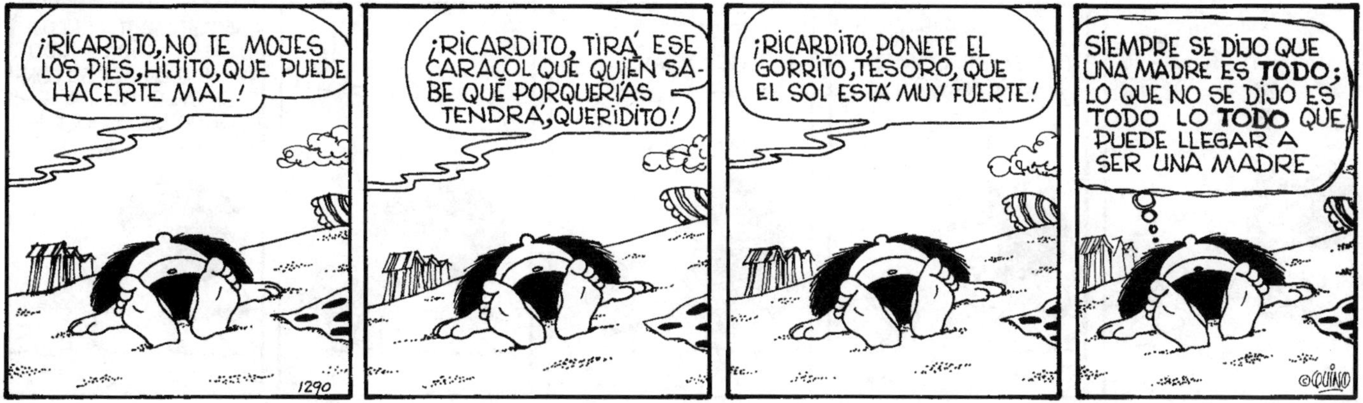
¡RICARDITO, NO TE MOJES LOS PIES, HIJITO, QUE PUEDE HACERTE MAL!
¡RICARDITO, TIRÁ ESE CARACOL QUE QUIÉN SABE QUÉ PORQUERÍAS TENDRÁ, QUERIDITO!
¡RICARDITO, PONETE EL GORRITO, TESORO, QUE EL SOL ESTÁ MUY FUERTE!
SIEMPRE SE DIJO QUE UNA MADRE ES **TODO**; LO QUE NO SE DIJO ES TODO LO **TODO** QUE PUEDE LLEGAR A SER UNA MADRE
1290
© QUINO

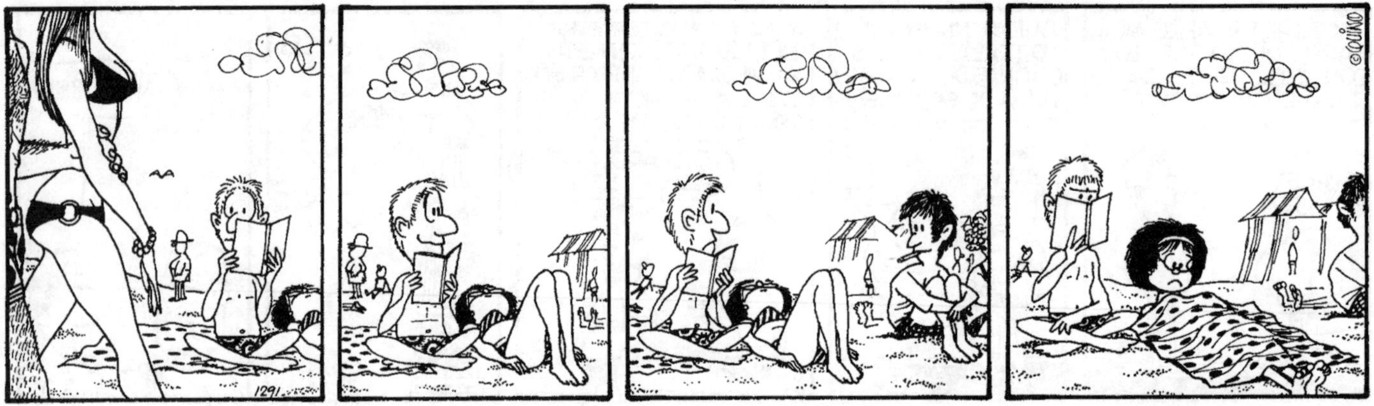

1291
©QUINO

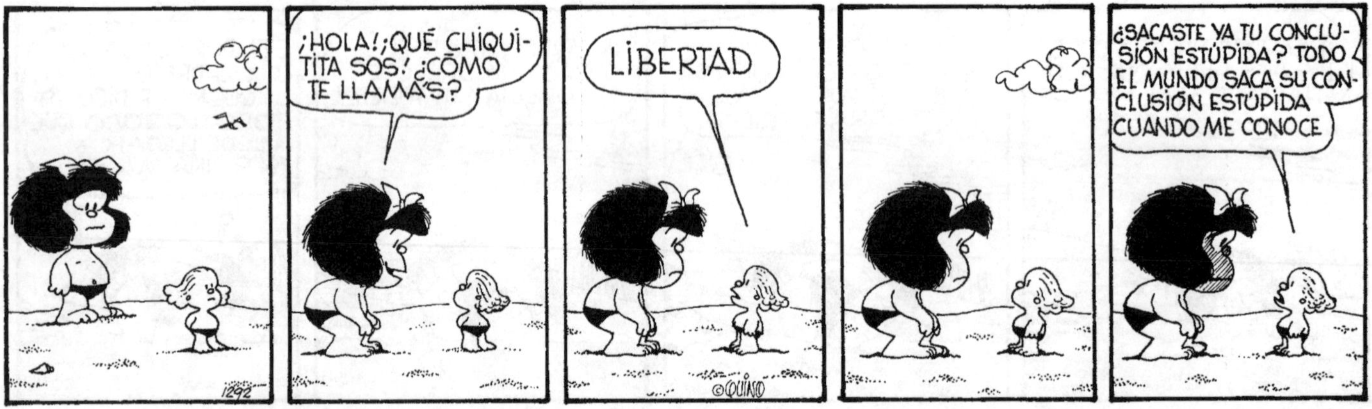

¡HOLA! ¡QUÉ CHIQUITITA SOS! ¿CÓMO TE LLAMÁS?
LIBERTAD
¿SACASTE YA TU CONCLUSIÓN ESTÚPIDA? TODO EL MUNDO SACA SU CONCLUSIÓN ESTÚPIDA CUANDO ME CONOCE
1292
©QUINO

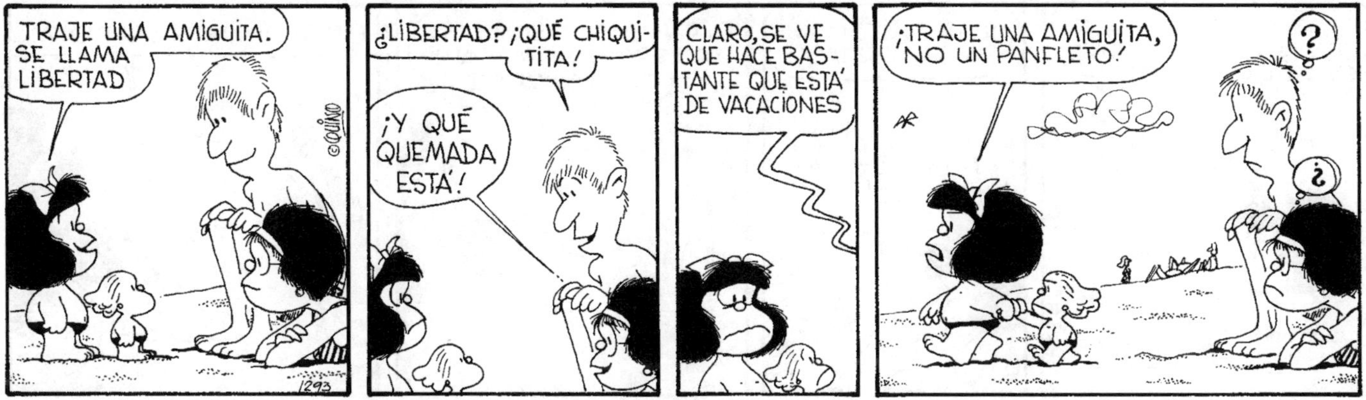

TRAJE UNA AMIGUITA. SE LLAMA LIBERTAD
©QUINO
1293
¿LIBERTAD? ¡QUÉ CHIQUI-TITA!
¡Y QUÉ QUEMADA ESTÁ!
CLARO, SE VE QUE HACE BAS-TANTE QUE ESTÁ DE VACACIONES
¡TRAJE UNA AMIGUITA, NO UN PANFLETO!
?
¿

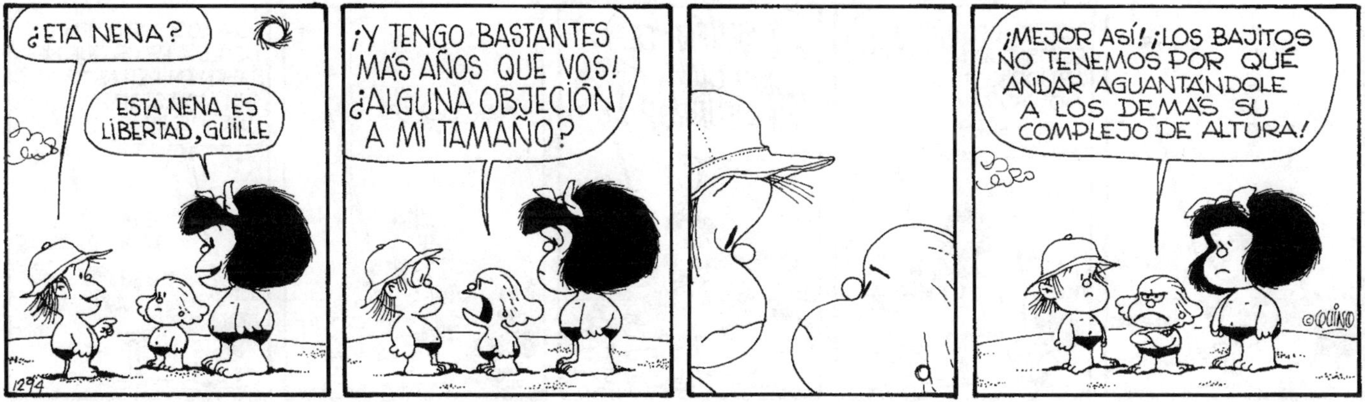

¿ETA NENA?
ESTA NENA ES LIBERTAD, GUILLE
1294
¡Y TENGO BASTANTES MÁS AÑOS QUE VOS! ¿ALGUNA OBJECIÓN A MI TAMAÑO?
¡MEJOR ASÍ! ¡LOS BAJITOS NO TENEMOS POR QUÉ ANDAR AGUANTÁNDOLE A LOS DEMÁS SU COMPLEJO DE ALTURA!
©QUINO

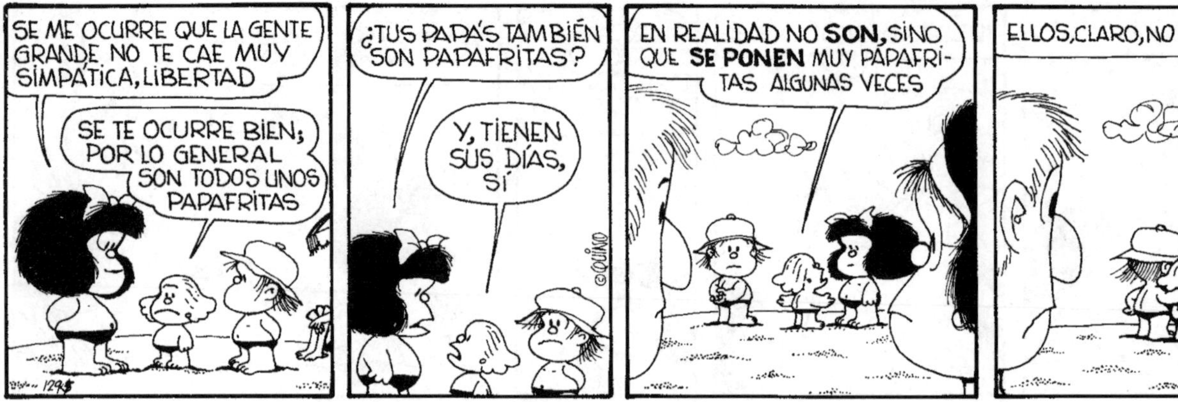
SE ME OCURRE QUE LA GENTE GRANDE NO TE CAE MUY SIMPÁTICA, LIBERTAD
SE TE OCURRE BIEN; POR LO GENERAL SON TODOS UNOS PAPAFRITAS
1295
¿TUS PAPÁS TAMBIÉN SON PAPAFRITAS?
Y, TIENEN SUS DÍAS, SÍ
©QUINO
EN REALIDAD NO **SON**, SINO QUE **SE PONEN** MUY PAPAFRITAS ALGUNAS VECES
ELLOS, CLARO, NO SE DAN CUENTA Y...

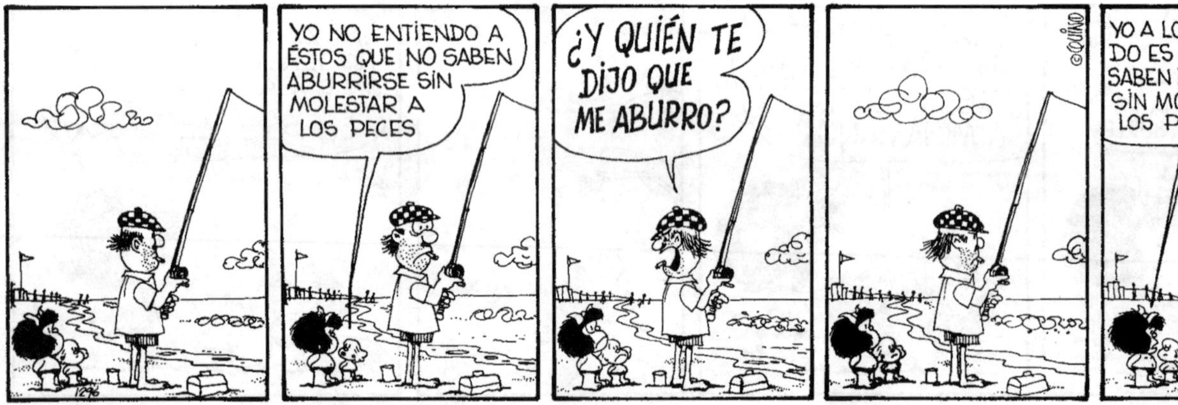
1296
YO NO ENTIENDO A ÉSTOS QUE NO SABEN ABURRIRSE SIN MOLESTAR A LOS PECES
¿Y QUIÉN TE DIJO QUE ME ABURRO?
©QUINO
YO A LOS QUE NO ENTIENDO ES A ÉSTOS QUE NO SABEN ENTRETENERSE SIN MOLESTAR A LOS PECES

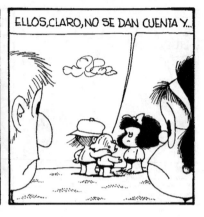

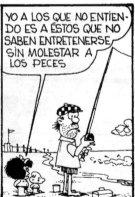

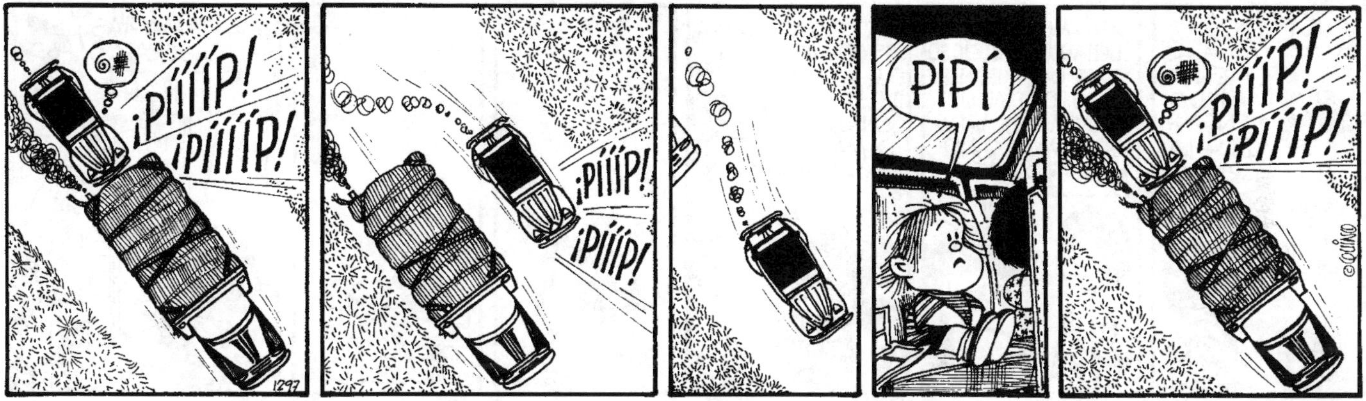
¡PÍÍÍÍP!
¡PÍÍÍÍP!
1297
¡PÍÍÍP!
¡PÍÍÍP!
PIPÍ
¡PÍÍÍP!
¡PÍÍÍP!
©QUINO

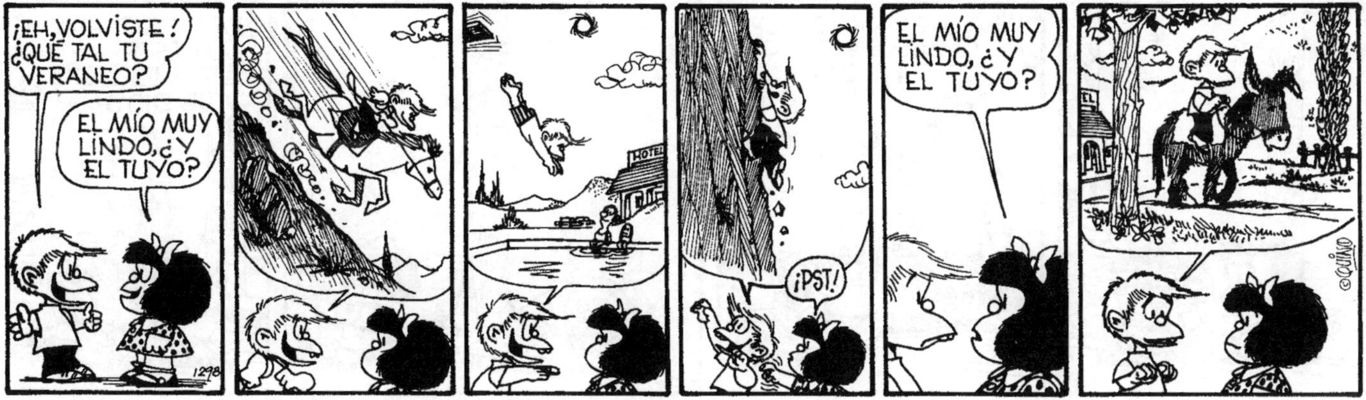
¡EH, VOLVISTE! ¿QUÉ TAL TU VERANEO?
EL MÍO MUY LINDO, ¿Y EL TUYO?
1298
HOTEL
¡PST!
EL MÍO MUY LINDO, ¿Y EL TUYO?
©QUINO

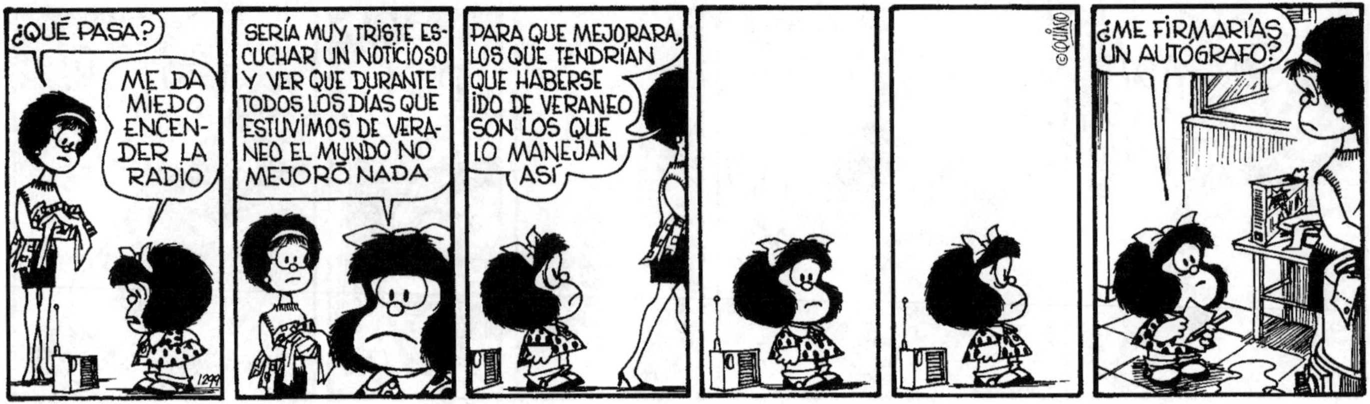
¿QUÉ PASA?
ME DA MIEDO ENCENDER LA RADIO
1299
SERÍA MUY TRISTE ESCUCHAR UN NOTICIOSO Y VER QUE DURANTE TODOS LOS DÍAS QUE ESTUVIMOS DE VERANEO EL MUNDO NO MEJORÓ NADA
PARA QUE MEJORARA, LOS QUE TENDRÍAN QUE HABERSE IDO DE VERANEO SON LOS QUE LO MANEJAN ASÍ
©QUINO
¿ME FIRMARÍAS UN AUTÓGRAFO?

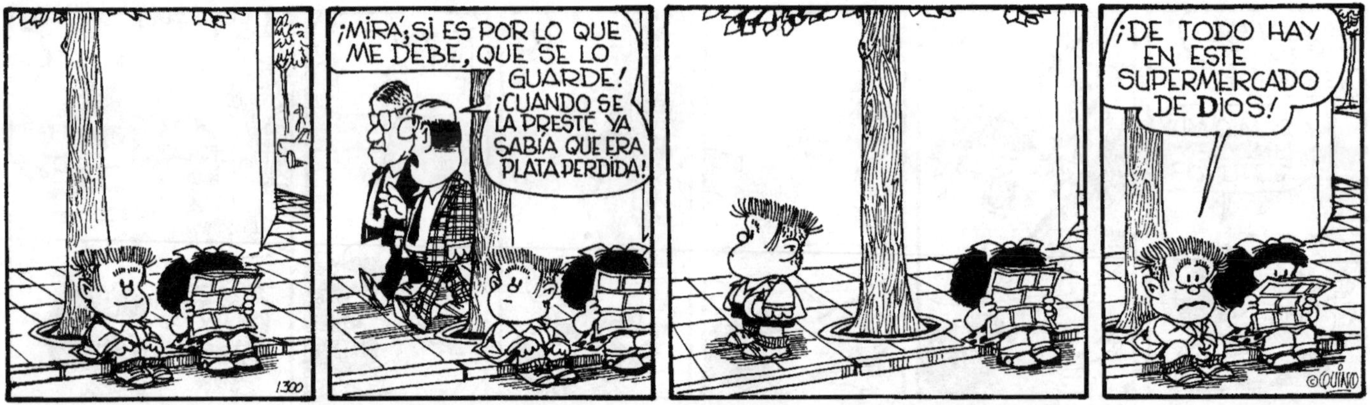
1300
¡MIRÁ; SI ES POR LO QUE ME DEBE, QUE SE LO GUARDE!
¡CUANDO SE LA PRESTÉ YA SABÍA QUE ERA PLATA PERDIDA!
¡DE TODO HAY EN ESTE SUPERMERCADO DE DIOS!
©QUINO

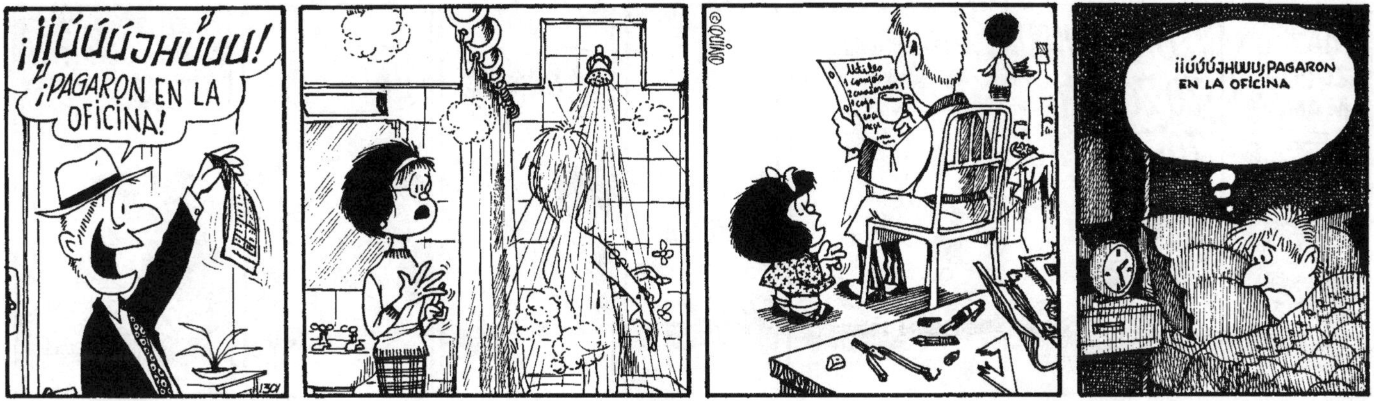
¡¡¡ÚÚÚJHÚUU!
¡PAGARON EN LA OFICINA!
1301
¡¡ÚÚÚJHUUU¡PAGARON EN LA OFICINA

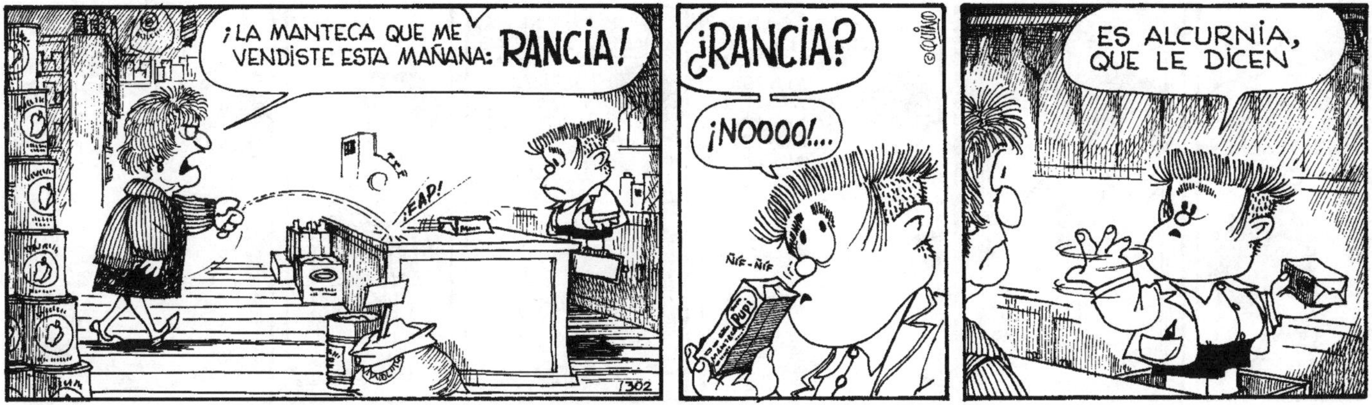
¡LA MANTECA QUE ME VENDISTE ESTA MAÑANA: RANCIA!
1302
¿RANCIA?
¡NOOOO!...
ÑIF-ÑIF
ES ALCURNIA, QUE LE DICEN

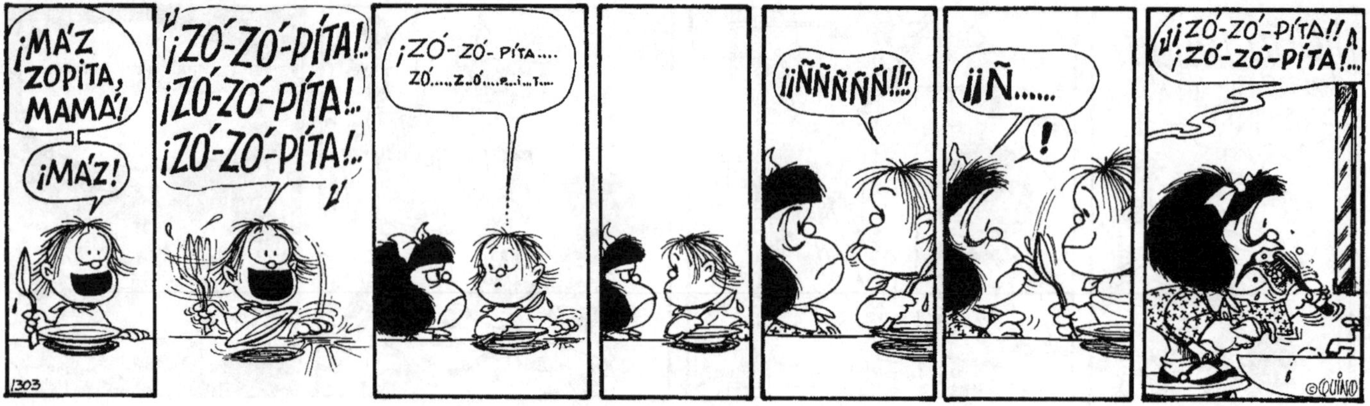
¡MÁZ ZOPITA, MAMÁ!
¡MÁZ!
¡ZÓ-ZÓ-PÍTA!.. ¡ZÓ-ZÓ-PÍTA!.. ¡ZÓ-ZÓ-PÍTA!..
¡ZÓ-ZÓ-PÍTA.... ZÓ.....Z..Ó.....P...I...T....
¡¡ÑÑÑÑÑ!!!
¡¡Ñ......
!
¡¡ZÓ-ZÓ-PÍTA!! ¡ZÓ-ZÓ-PÍTA!...
1303
©QUINO

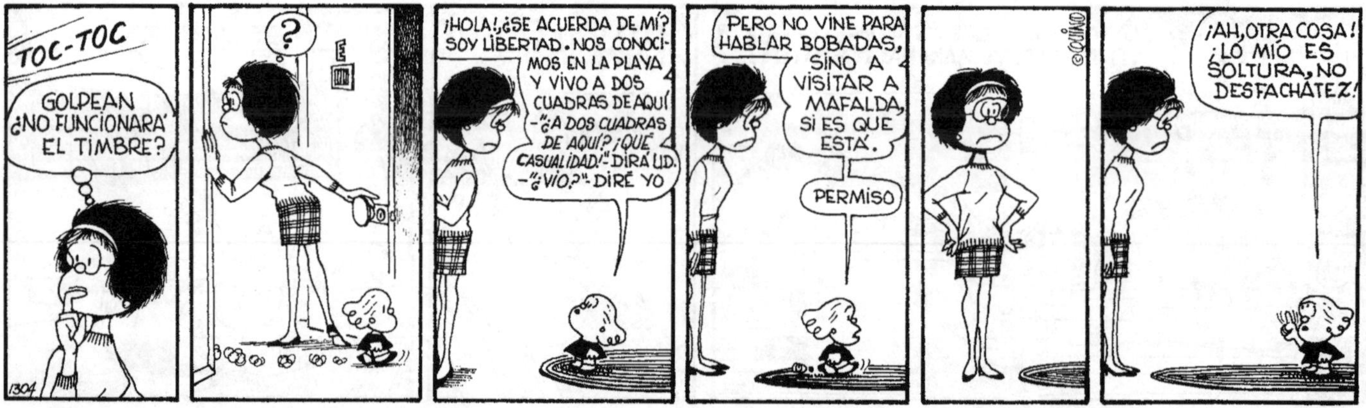
TOC-TOC
GOLPEAN ¿NO FUNCIONARÁ EL TIMBRE?
?
¡HOLA!, ¿SE ACUERDA DE MÍ? SOY LIBERTAD. NOS CONOCIMOS EN LA PLAYA Y VIVO A DOS CUADRAS DE AQUÍ -"¿A DOS CUADRAS DE AQUÍ? ¡QUÉ CASUALIDAD!"- DIRÁ UD. -"¿VIO?"- DIRÉ YO
PERO NO VINE PARA HABLAR BOBADAS, SINO A VISITAR A MAFALDA, SI ES QUE ESTÁ.
PERMISO
©QUINO
¡AH, OTRA COSA! ¡LO MÍO ES SOLTURA, NO DESFACHATEZ!
1304

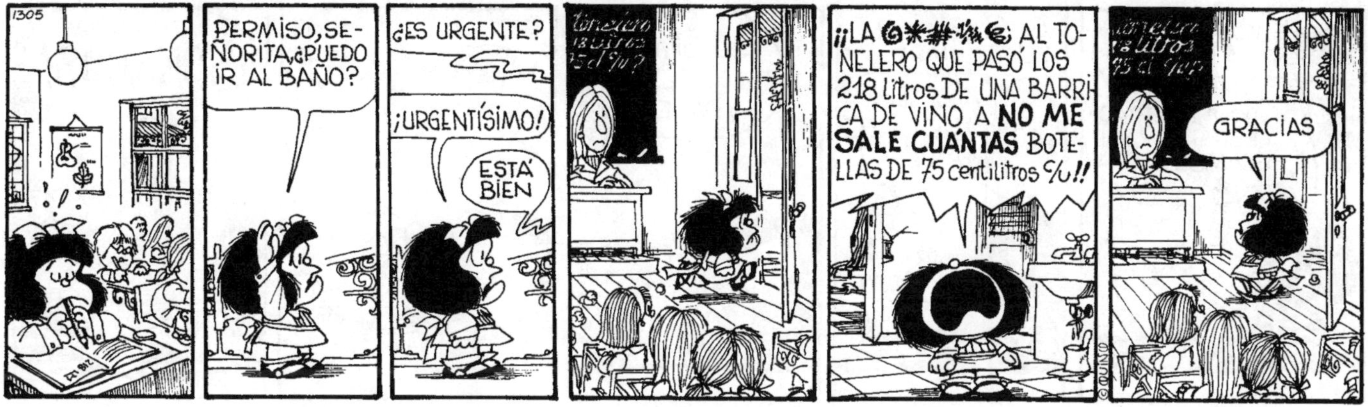
1305
PERMISO, SEÑORITA, ¿PUEDO IR AL BAÑO?
¿ES URGENTE?
¡URGENTÍSIMO!
ESTÁ BIEN
¡¡LA AL TONELERO QUE PASÓ LOS 218 litros DE UNA BARRICA DE VINO A **NO ME SALE CUÁNTAS** BOTELLAS DE 75 centilitros !!
GRACIAS
© QUINO

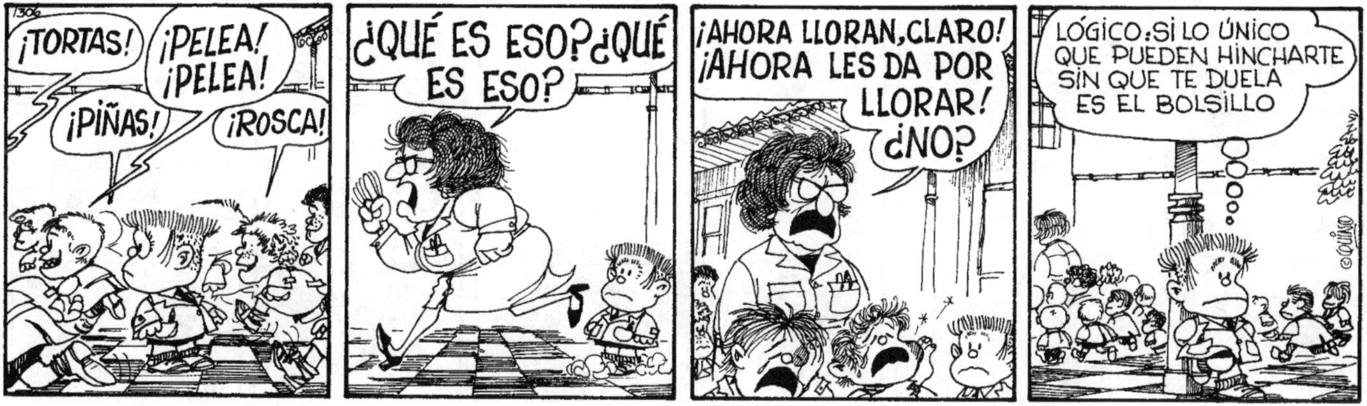
1306
¡TORTAS!
¡PELEA! ¡PELEA!
¡PIÑAS!
¡ROSCA!
¿QUÉ ES ESO? ¿QUÉ ES ESO?
¡AHORA LLORAN, CLARO! ¡AHORA LES DA POR LLORAR! ¿NO?
LÓGICO: SI LO ÚNICO QUE PUEDEN HINCHARTE SIN QUE TE DUELA ES EL BOLSILLO
© QUINO

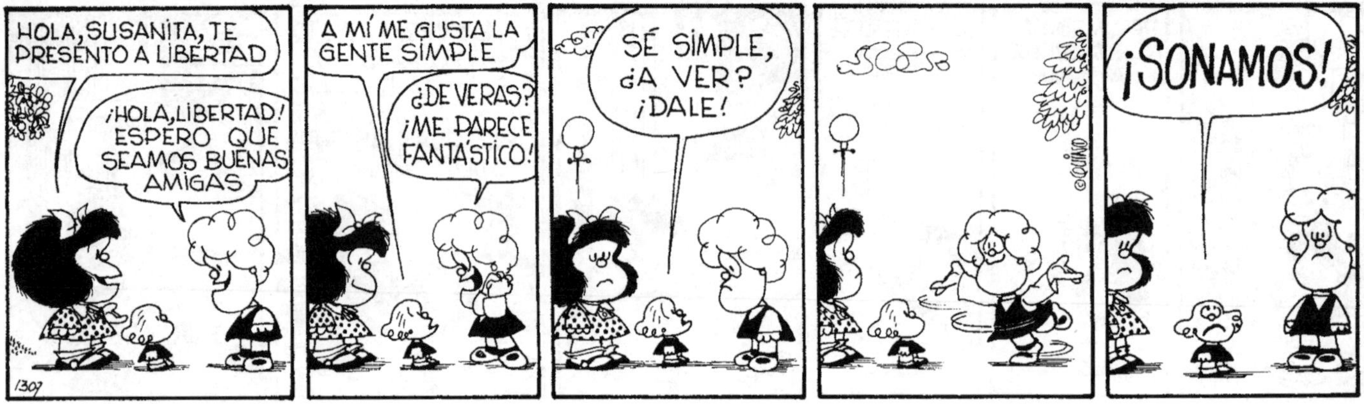
HOLA, SUSANITA, TE PRESENTO A LIBERTAD
¡HOLA, LIBERTAD! ESPERO QUE SEAMOS BUENAS AMIGAS
A MÍ ME GUSTA LA GENTE SIMPLE
¿DE VERAS? ¡ME PARECE FANTÁSTICO!
SÉ SIMPLE, ¿A VER? ¡DALE!
¡SONAMOS!

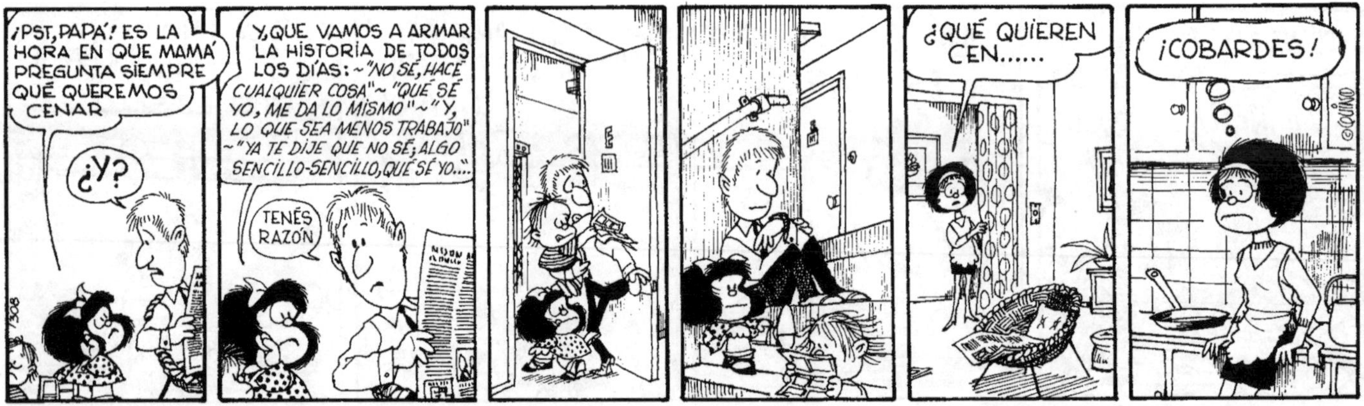
¡PST, PAPÁ! ES LA HORA EN QUE MAMÁ PREGUNTA SIEMPRE QUÉ QUEREMOS CENAR
¿Y?
Y, QUE VAMOS A ARMAR LA HISTORIA DE TODOS LOS DÍAS: ~"NO SÉ, HACÉ CUALQUIER COSA"~ "QUÉ SÉ YO, ME DA LO MISMO"~"Y, LO QUE SEA MENOS TRABAJO" ~"YA TE DIJE QUE NO SÉ; ALGO SENCILLO-SENCILLO, QUÉ SÉ YO..."
TENÉS RAZÓN
¿QUÉ QUIEREN CEN......
¡COBARDES!

¡GUILLE! ¿VOS ME SACASTE EL MARCADOR NEGRO?

¿QUÉ MADCADOD?

¡SOS UN CARADURA! ¿DÓNDE LO TENÉS?

EN MI DEPACHO

¡LINDA IDEA, DIBUJAR EN EL PISO CON ESA PORQUERÍA DE MARCADOR!...¡TOTAL!...¡ESTÁ MAMÁ QUE LIMPIA!¿NO?

NO, MAMÁ EZ BUÉNA. CUANDO VOZ TE ENOJA'Z NO EZTA' MAMÁ, EZTA' UNA SEÑODA ENOJADA

¡ENOJADA O NO, YO SOY SIEMPRE TU MADRE! ¿ENTENDÉS?

¡NO! ¡ZOY HUEDFANITO!

¡SNíG!

¡¡BASTA DE TELETEATRO, QUE NO ME DEJAN HACER LOS DEBERES!!

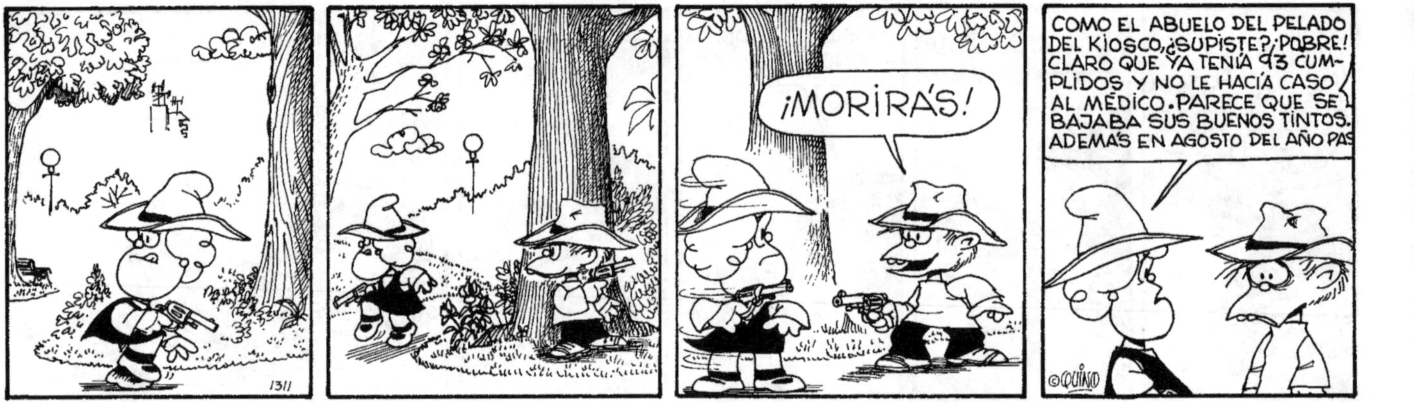

1311
¡MORIRÁS!
COMO EL ABUELO DEL PELADO DEL KIOSCO, ¿SUPISTE? ¡POBRE! CLARO QUE YA TENÍA 93 CUMPLIDOS Y NO LE HACÍA CASO AL MÉDICO. PARECE QUE SE BAJABA SUS BUENOS TINTOS. ADEMÁS EN AGOSTO DEL AÑO PAS
©QUINO

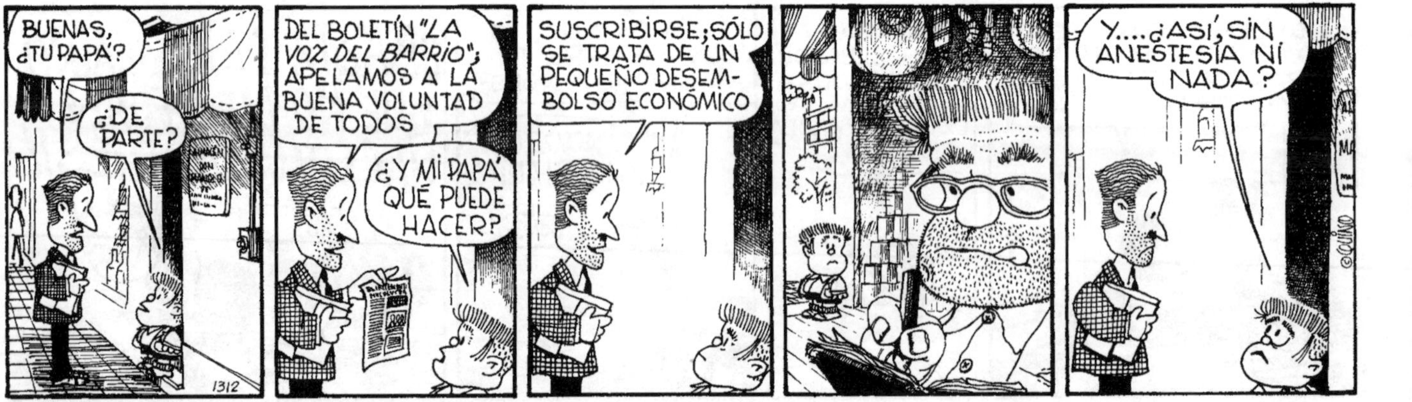

BUENAS, ¿TU PAPÁ?
¿DE PARTE?
1312
DEL BOLETÍN "LA VOZ DEL BARRIO"; APELAMOS A LA BUENA VOLUNTAD DE TODOS
¿Y MI PAPÁ QUÉ PUEDE HACER?
SUSCRIBIRSE; SÓLO SE TRATA DE UN PEQUEÑO DESEMBOLSO ECONÓMICO
Y.... ¿ASÍ, SIN ANESTESIA NI NADA?
©QUINO

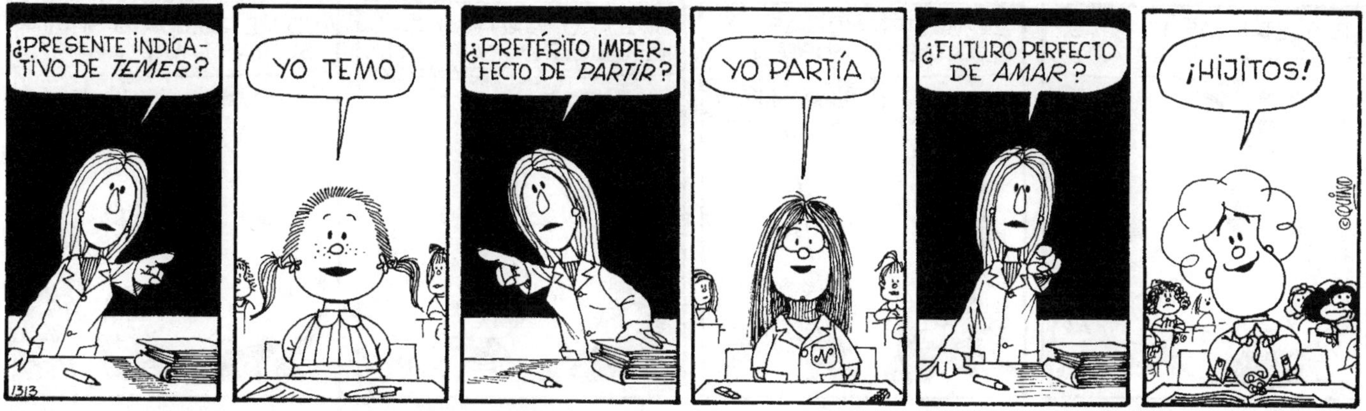
¿PRESENTE INDICATIVO DE *TEMER*?
YO TEMO
¿PRETÉRITO IMPERFECTO DE *PARTIR*?
YO PARTÍA
¿FUTURO PERFECTO DE *AMAR*?
¡HIJITOS!
©QUINO
1313

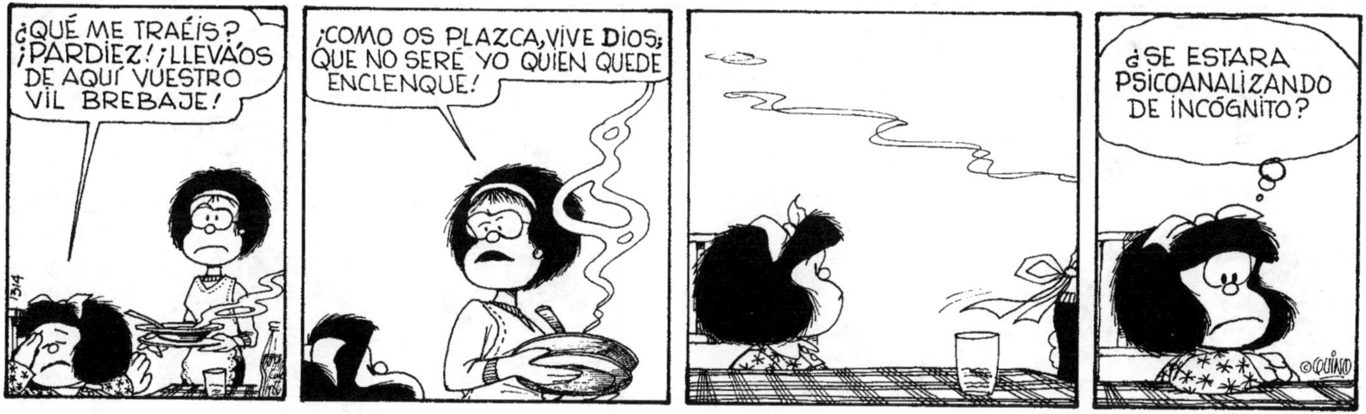
1314
¿QUÉ ME TRAÉIS? ¡PARDIEZ! ¡LLEVÁOS DE AQUÍ VUESTRO VIL BREBAJE!
¡COMO OS PLAZCA, VIVE DIOS; QUE NO SERÉ YO QUIEN QUEDE ENCLENQUE!
¿SE ESTARA PSICOANALIZANDO DE INCÓGNITO?
©QUINO

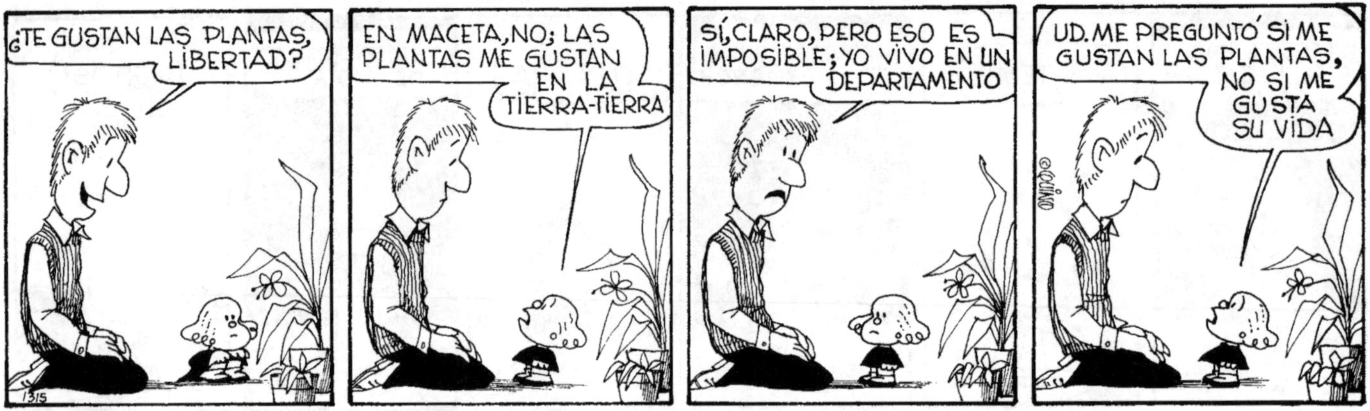
¿TE GUSTAN LAS PLANTAS, LIBERTAD?
EN MACETA, NO; LAS PLANTAS ME GUSTAN EN LA TIERRA-TIERRA
SÍ, CLARO, PERO ESO ES IMPOSIBLE; YO VIVO EN UN DEPARTAMENTO
UD. ME PREGUNTÓ SI ME GUSTAN LAS PLANTAS, NO SI ME GUSTA SU VIDA
1315
©QUINO

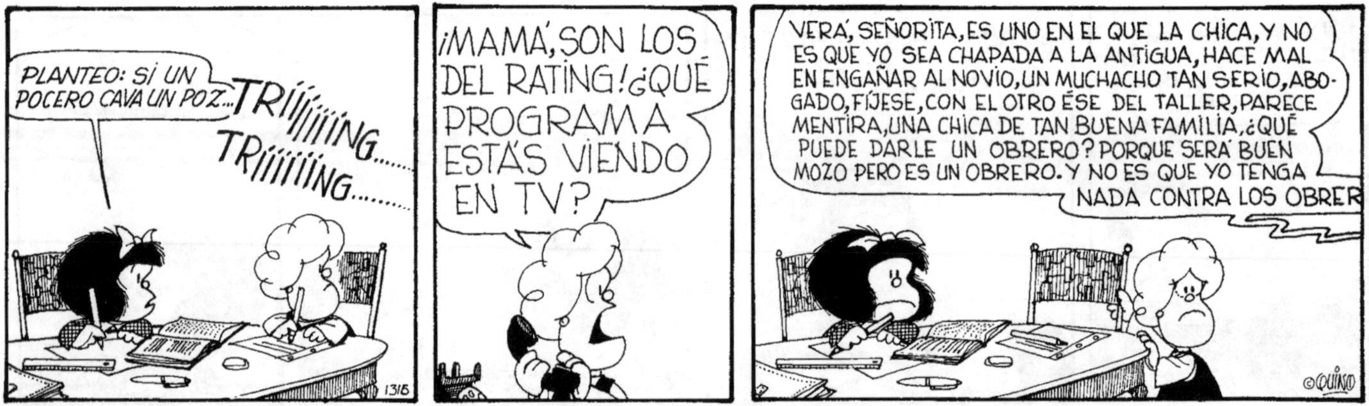
PLANTEO: SI UN POCERO CAVA UN POZ...
TRÍÍÍÍÍÍÍÍNG.......
TRÍÍÍÍÍÍÍNG........
1316
¡MAMÁ, SON LOS DEL RATING! ¿QUÉ PROGRAMA ESTÁS VIENDO EN TV?
VERÁ, SEÑORITA, ES UNO EN EL QUE LA CHICA, Y NO ES QUE YO SEA CHAPADA A LA ANTIGUA, HACE MAL EN ENGAÑAR AL NOVIO, UN MUCHACHO TAN SERIO, ABOGADO, FÍJESE, CON EL OTRO ÉSE DEL TALLER, PARECE MENTIRA, UNA CHICA DE TAN BUENA FAMILIA, ¿QUÉ PUEDE DARLE UN OBRERO? PORQUE SERÁ BUEN MOZO PERO ES UN OBRERO. Y NO ES QUE YO TENGA NADA CONTRA LOS OBRER
©QUINO

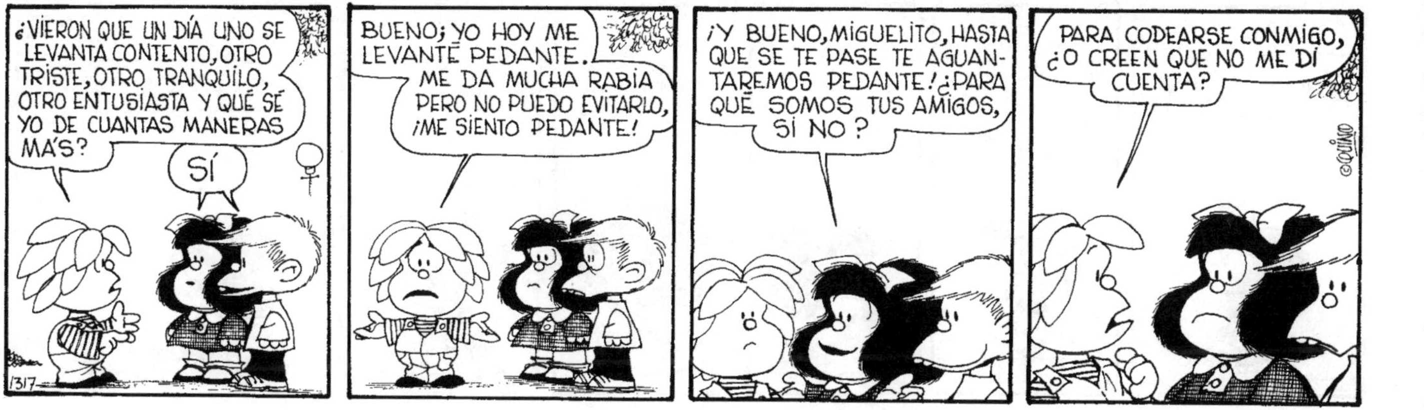
¿VIERON QUE UN DÍA UNO SE LEVANTA CONTENTO, OTRO TRISTE, OTRO TRANQUILO, OTRO ENTUSIASTA Y QUÉ SÉ YO DE CUANTAS MANERAS MÁS?
SÍ
1317
BUENO; YO HOY ME LEVANTÉ PEDANTE.
ME DA MUCHA RABIA PERO NO PUEDO EVITARLO, ¡ME SIENTO PEDANTE!
¡Y BUENO, MIGUELITO, HASTA QUE SE TE PASE TE AGUANTAREMOS PEDANTE! ¿PARA QUÉ SOMOS TUS AMIGOS, SI NO?
PARA CODEARSE CONMIGO, ¿O CREEN QUE NO ME DÍ CUENTA?
©QUINO

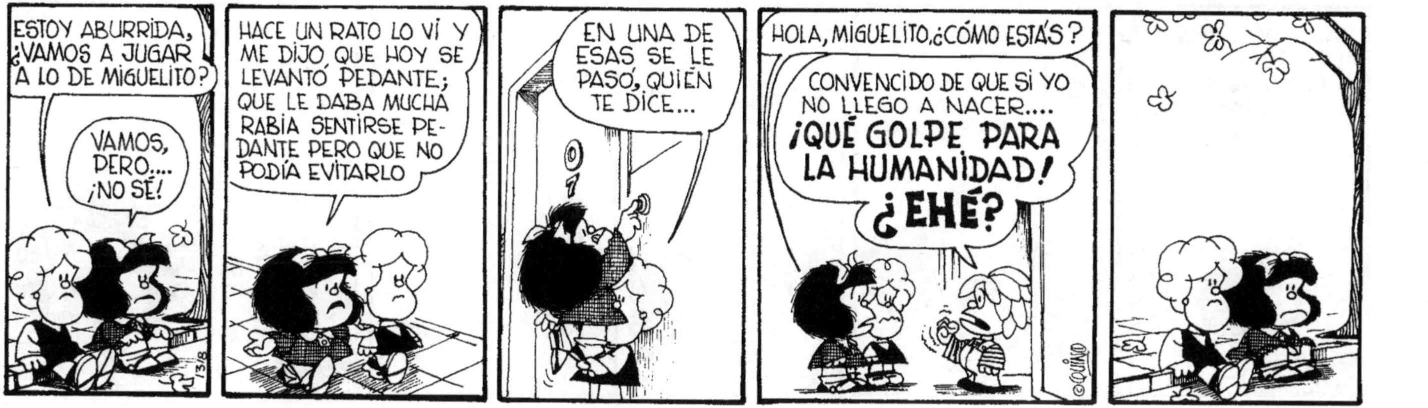
ESTOY ABURRIDA, ¿VAMOS A JUGAR A LO DE MIGUELITO?
VAMOS, PERO.... ¡NO SÉ!
1318
HACE UN RATO LO VÍ Y ME DIJO QUE HOY SE LEVANTÓ PEDANTE; QUE LE DABA MUCHA RABIA SENTIRSE PEDANTE PERO QUE NO PODÍA EVITARLO
EN UNA DE ESAS SE LE PASÓ, QUIÉN TE DICE...
HOLA, MIGUELITO, ¿CÓMO ESTÁS?
CONVENCIDO DE QUE SI YO NO LLEGO A NACER.... ¡QUÉ GOLPE PARA LA HUMANIDAD! ¿EHÉ?
©QUINO

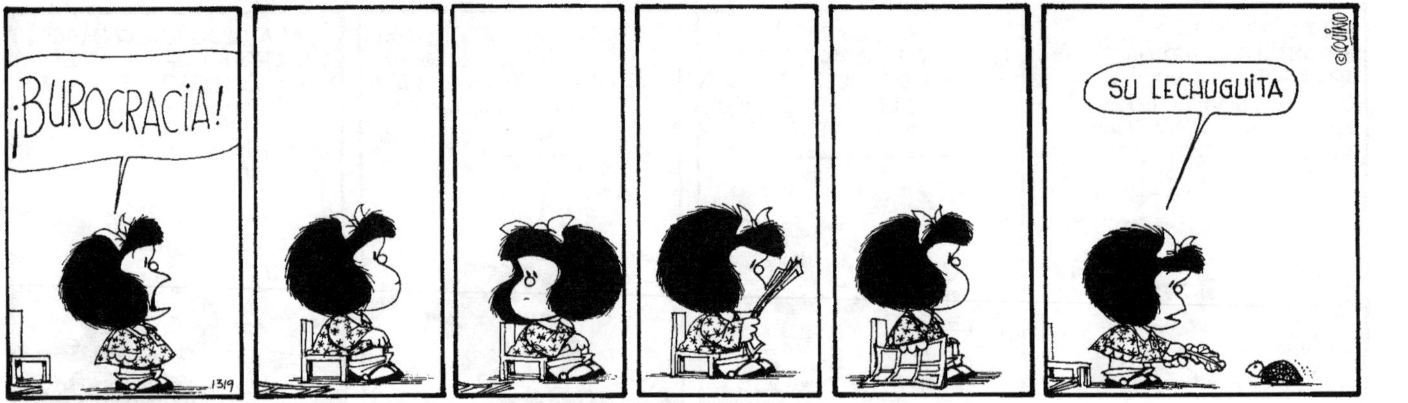
¡BUROCRACIA!
1319
SU LECHUGUITA
©QUINO

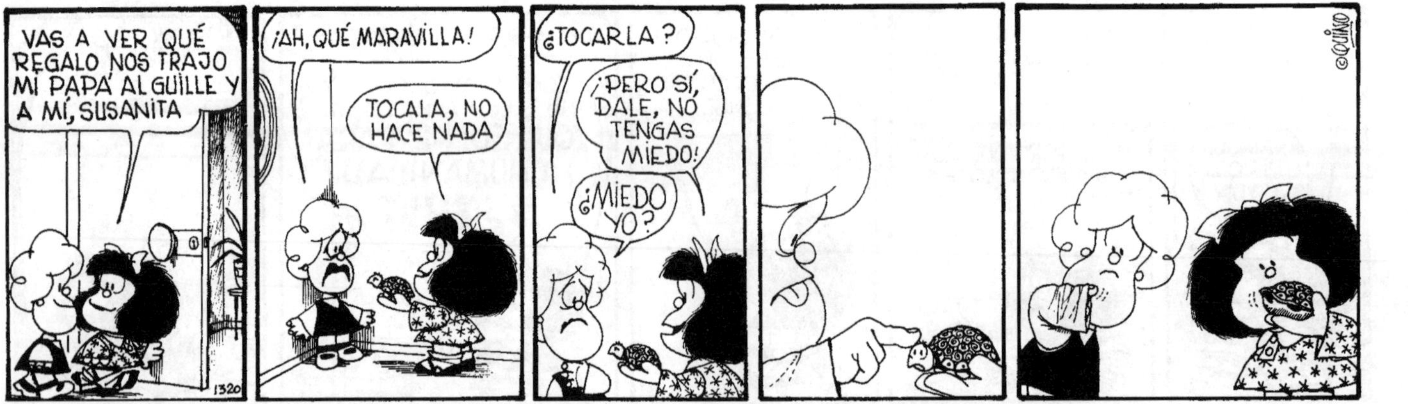
VAS A VER QUÉ REGALO NOS TRAJO MI PAPÁ AL GUILLE Y A MÍ, SUSANITA
1320
¡AH, QUÉ MARAVILLA!
TOCALA, NO HACE NADA
¿TOCARLA?
¡PERO SÍ, DALE, NO TENGAS MIEDO!
¿MIEDO YO?
©QUINO

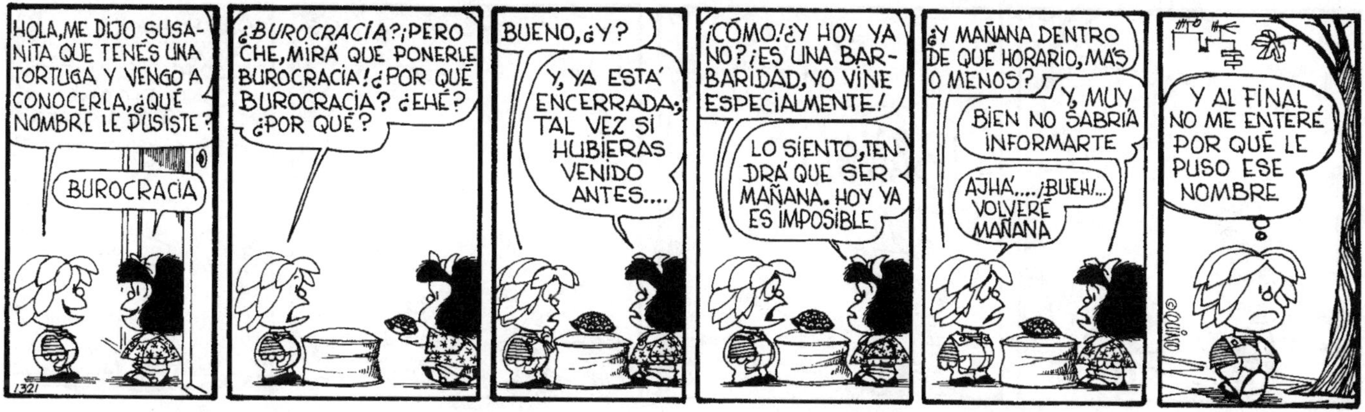
1321
HOLA, ME DIJO SUSANITA QUE TENÉS UNA TORTUGA Y VENGO A CONOCERLA, ¿QUÉ NOMBRE LE PUSISTE?
BUROCRACIA
¿BUROCRACIA? ¡PERO CHE, MIRÁ QUE PONERLE BUROCRACIA! ¿POR QUÉ BUROCRACIA? ¿EHÉ? ¿POR QUÉ?
BUENO, ¿Y?
Y, YA ESTÁ ENCERRADA; TAL VEZ SI HUBIERAS VENIDO ANTES....
¡CÓMO! ¿Y HOY YA NO? ¡ES UNA BARBARIDAD, YO VINE ESPECIALMENTE!
LO SIENTO, TENDRÁ QUE SER MAÑANA. HOY YA ES IMPOSIBLE
¿Y MAÑANA DENTRO DE QUÉ HORARIO, MÁS O MENOS?
Y, MUY BIEN NO SABRÍA INFORMARTE
AJHÁ.... ¡BUEH!... VOLVERÉ MAÑANA
Y AL FINAL NO ME ENTERÉ POR QUÉ LE PUSO ESE NOMBRE
©QUINO

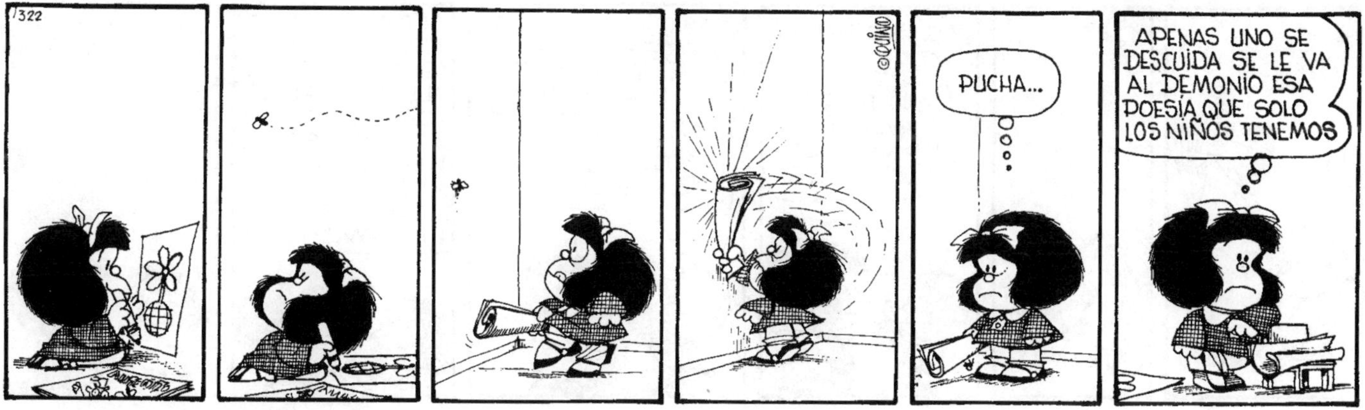
1322
©QUINO
PUCHA...
APENAS UNO SE DESCUIDA SE LE VA AL DEMONIO ESA POESÍA QUE SOLO LOS NIÑOS TENEMOS

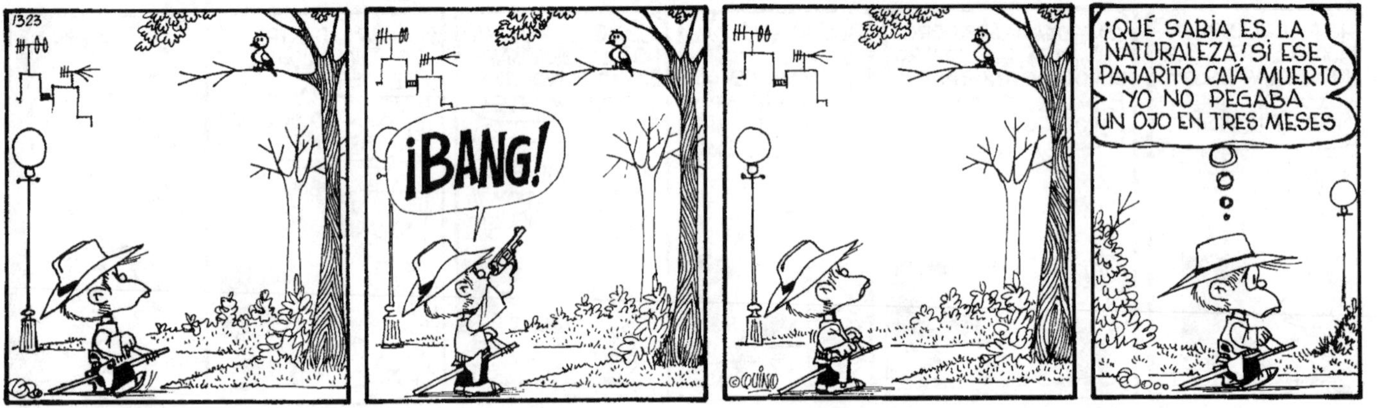
1323
¡BANG!
©QUINO
¡QUÉ SABIA ES LA NATURALEZA! SI ESE PAJARITO CAÍA MUERTO YO NO PEGABA UN OJO EN TRES MESES

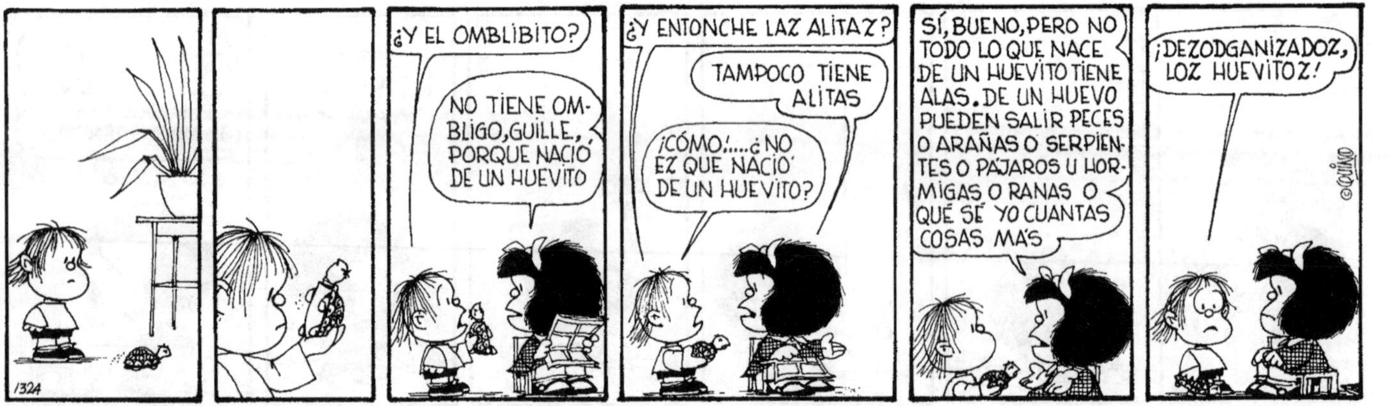
1324
¿Y EL OMBLIBITO?
NO TIENE OMBLIGO, GUILLE, PORQUE NACIÓ DE UN HUEVITO
¿Y ENTONCHE LAZ ALITAZ?
TAMPOCO TIENE ALITAS
¡CÓMO!....¿NO EZ QUE NACIÓ DE UN HUEVITO?
SÍ, BUENO, PERO NO TODO LO QUE NACE DE UN HUEVITO TIENE ALAS. DE UN HUEVO PUEDEN SALIR PECES O ARAÑAS O SERPIENTES O PÁJAROS U HORMIGAS O RANAS O QUÉ SÉ YO CUANTAS COSAS MÁS
¡DEZODGANIZADOZ, LOZ HUEVITOZ!
©QUINO

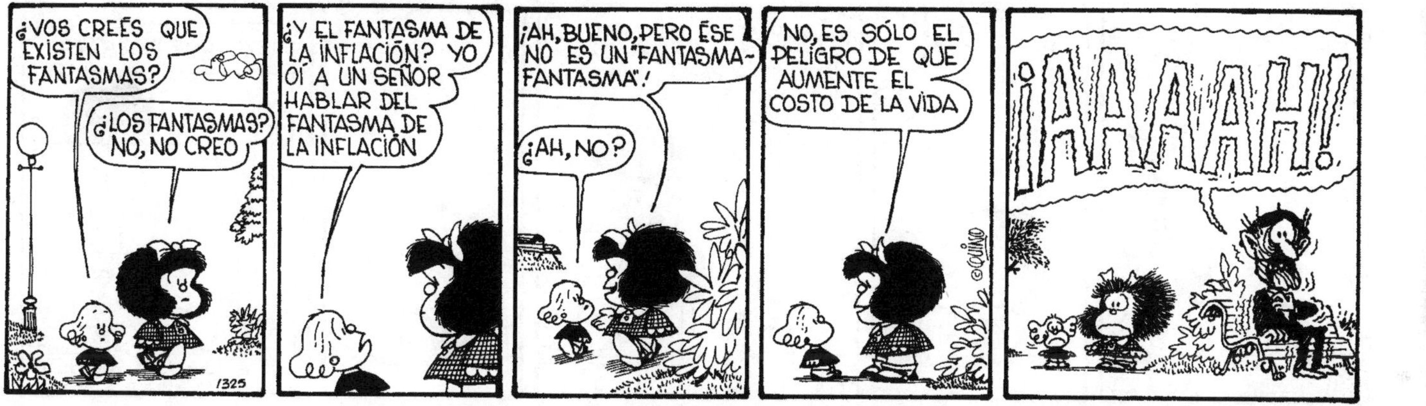
¿VOS CREÉS QUE EXISTEN LOS FANTASMAS?
¿LOS FANTASMAS? NO, NO CREO
1325
¿Y EL FANTASMA DE LA INFLACIÓN? YO OÍ A UN SEÑOR HABLAR DEL FANTASMA DE LA INFLACIÓN
¡AH, BUENO, PERO ÉSE NO ES UN "FANTASMA-FANTASMA"!
¿AH, NO?
NO, ES SÓLO EL PELIGRO DE QUE AUMENTE EL COSTO DE LA VIDA
© QUINO
¡AAAH!

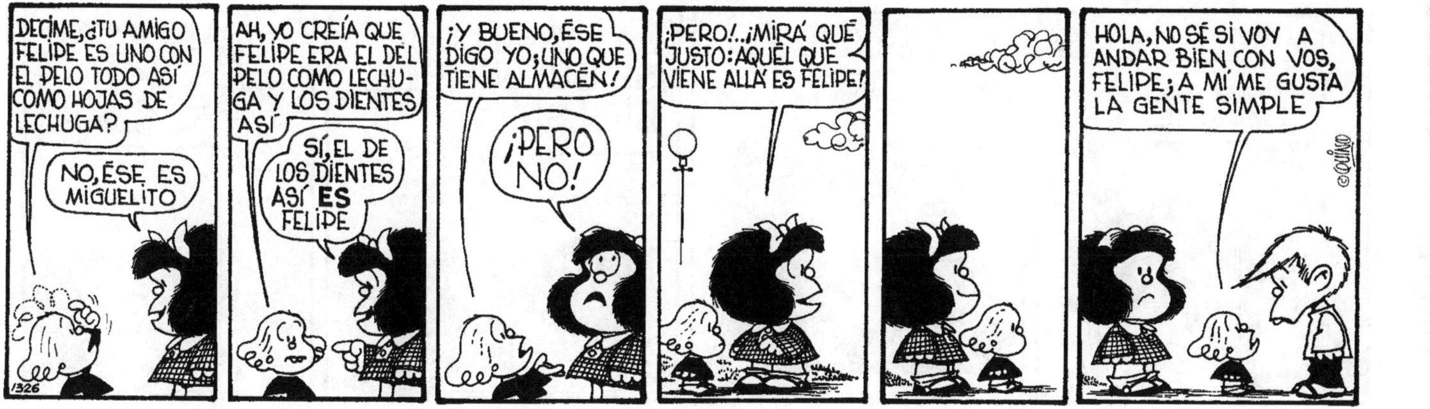
DECIME, ¿TU AMIGO FELIPE ES UNO CON EL PELO TODO ASÍ COMO HOJAS DE LECHUGA?
NO, ÉSE ES MIGUELITO
1326
AH, YO CREÍA QUE FELIPE ERA EL DEL PELO COMO LECHUGA Y LOS DIENTES ASÍ
SÍ, EL DE LOS DIENTES ASÍ **ES** FELIPE
¡Y BUENO, ÉSE DIGO YO; UNO QUE TIENE ALMACÉN!
¡PERO NO!
¡PERO!.. ¡MIRÁ QUÉ JUSTO: AQUÉL QUE VIENE ALLÁ ES FELIPE!
HOLA, NO SÉ SI VOY A ANDAR BIEN CON VOS, FELIPE; A MÍ ME GUSTA LA GENTE SIMPLE
© QUINO

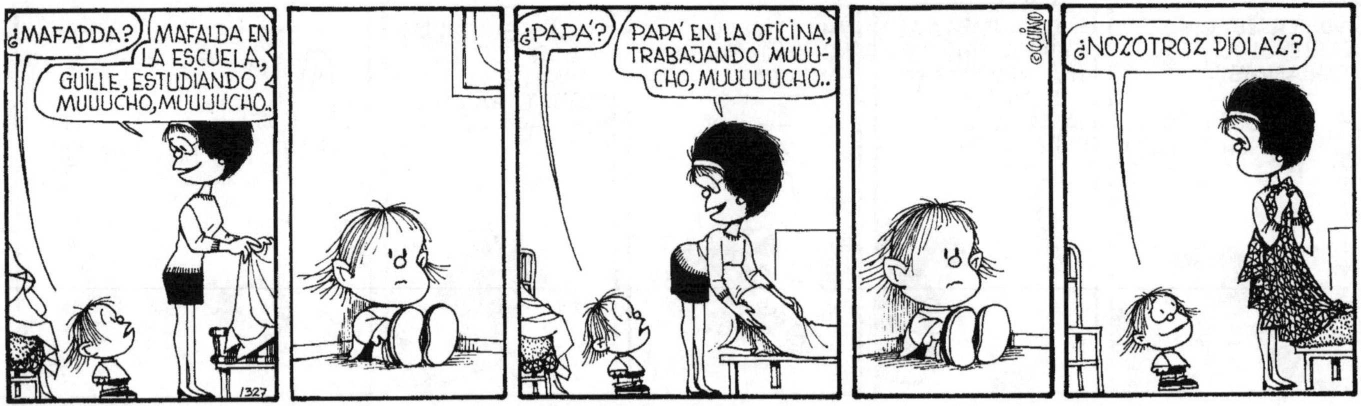
¿MAFADDA?
MAFALDA EN LA ESCUELA, GUILLE, ESTUDIANDO MUUUCHO, MUUUUCHO..
1327
¿PAPÁ?
PAPÁ EN LA OFICINA, TRABAJANDO MUUU-CHO, MUUUUUCHO..
©QUINO
¿NOZOTROZ PIOLAZ?

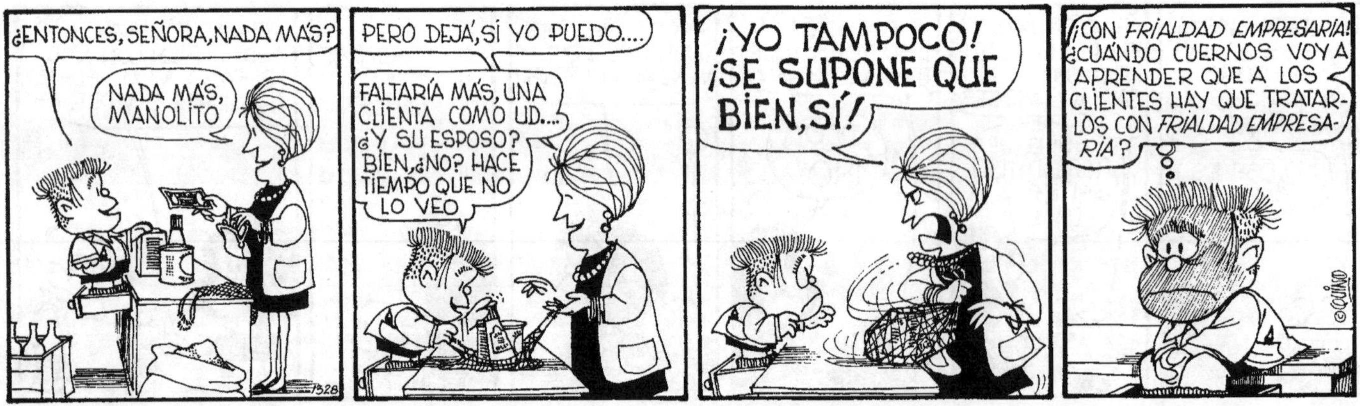
¿ENTONCES, SEÑORA, NADA MÁS?
NADA MÁS, MANOLITO
1328
PERO DEJÁ, SI YO PUEDO....
FALTARÍA MÁS, UNA CLIENTA COMO UD... ¿Y SU ESPOSO? BIEN, ¿NO? HACE TIEMPO QUE NO LO VEO
¡YO TAMPOCO! ¡SE SUPONE QUE BIEN, SÍ!
¡CON *FRIALDAD EMPRESARIA*! ¿CUÁNDO CUERNOS VOY A APRENDER QUE A LOS CLIENTES HAY QUE TRATAR-LOS CON *FRIALDAD EMPRESA-RIA*?
©QUINO

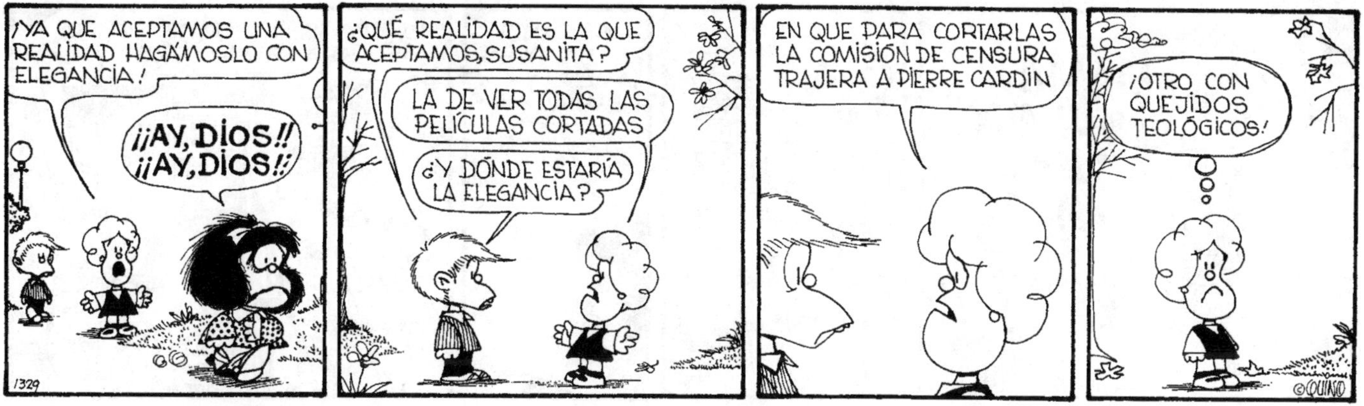
¡YA QUE ACEPTAMOS UNA REALIDAD HAGÁMOSLO CON ELEGANCIA!
¡¡AY, DIOS!! ¡¡AY, DIOS!!
1329
¿QUÉ REALIDAD ES LA QUE ACEPTAMOS, SUSANITA?
LA DE VER TODAS LAS PELÍCULAS CORTADAS
¿Y DÓNDE ESTARÍA LA ELEGANCIA?
EN QUE PARA CORTARLAS LA COMISIÓN DE CENSURA TRAJERA A PIERRE CARDIN
¡OTRO CON QUEJIDOS TEOLÓGICOS!
©QUINO

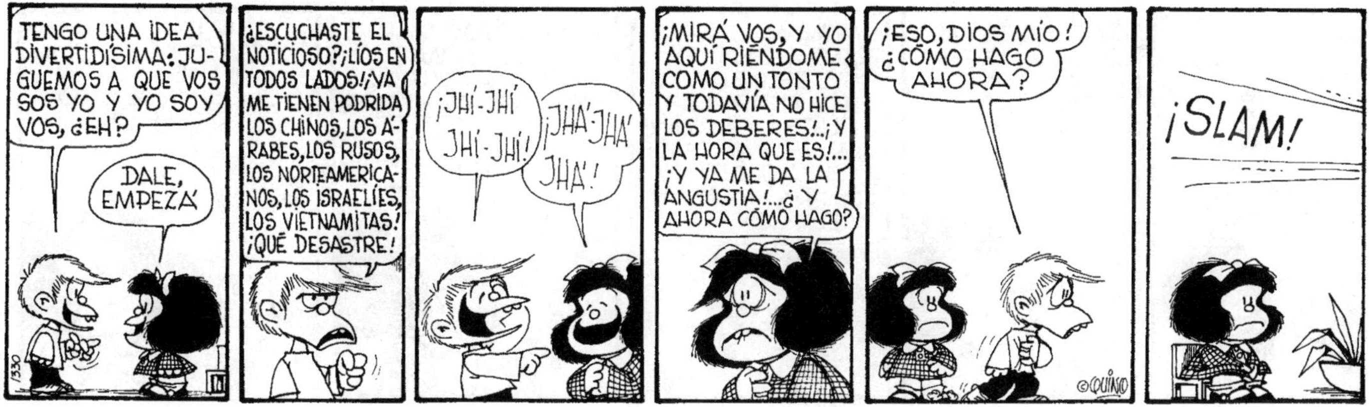
TENGO UNA IDEA DIVERTIDÍSIMA: JUGUEMOS A QUE VOS SOS YO Y YO SOY VOS, ¿EH?
DALE, EMPEZÁ
1330
¿ESCUCHASTE EL NOTICIOSO? ¡LÍOS EN TODOS LADOS! ¡YA ME TIENEN PODRIDA LOS CHINOS, LOS ÁRABES, LOS RUSOS, LOS NORTEAMERICANOS, LOS ISRAELÍES, LOS VIETNAMITAS! ¡QUÉ DESASTRE!
¡JHÍ-JHÍ JHÍ-JHÍ!
¡JHA'-JHA' JHA'!
¡MIRÁ VOS, Y YO AQUÍ RIÉNDOME COMO UN TONTO Y TODAVÍA NO HICE LOS DEBERES!.. ¡Y LA HORA QUE ES!... ¡Y YA ME DA LA ANGUSTIA!...¿ Y AHORA CÓMO HAGO?
¡ESO, DIOS MÍO! ¿CÓMO HAGO AHORA?
©QUINO
¡SLAM!

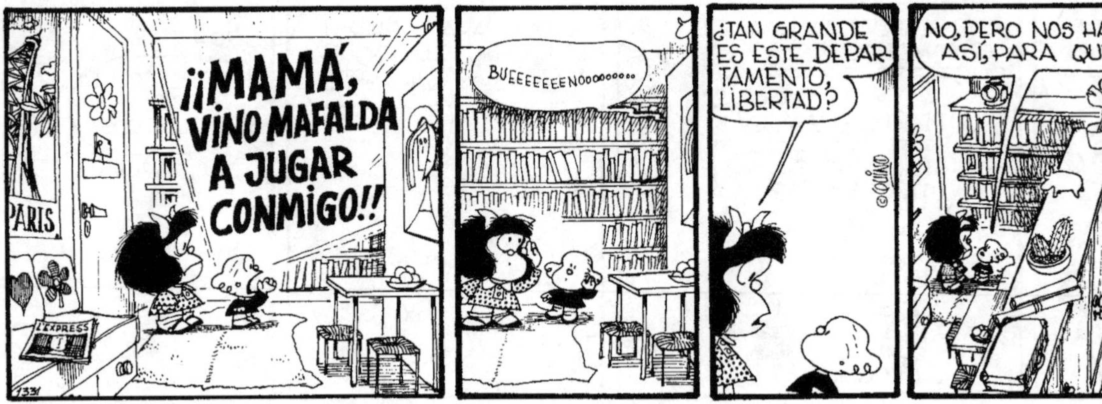

PARIS
L'EXPRESS
¡¡MAMÁ, VINO MAFALDA A JUGAR CONMIGO!!
BUEEEEEEEENOOOOOOOO...
¿TAN GRANDE ES ESTE DEPARTAMENTO, LIBERTAD?
©QUINO
NO, PERO NOS HABLAMOS SIEMPRE ASÍ, PARA QUE PAREZCA

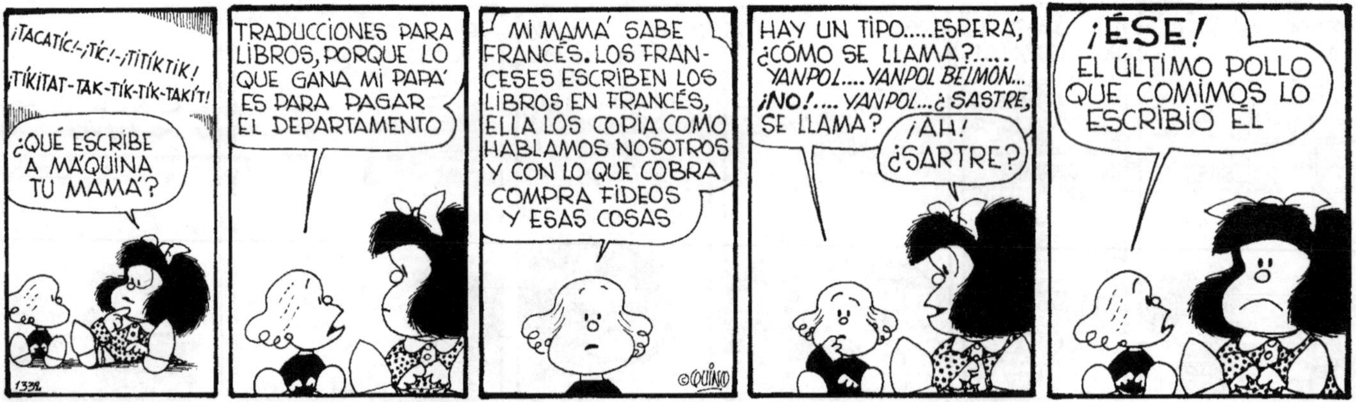

¡TACATÍC!-¡TÍC!-¡TITÍKTIK!
¡TÍKITAT-TAK-TÍK-TÍK-TAKÍT!
¿QUÉ ESCRIBE A MÁQUINA TU MAMÁ?
TRADUCCIONES PARA LIBROS, PORQUE LO QUE GANA MI PAPÁ ES PARA PAGAR EL DEPARTAMENTO
MI MAMÁ SABE FRANCÉS. LOS FRANCESES ESCRIBEN LOS LIBROS EN FRANCÉS, ELLA LOS COPIA COMO HABLAMOS NOSOTROS Y CON LO QUE COBRA COMPRA FIDEOS Y ESAS COSAS
©QUINO
HAY UN TIPO.....ESPERÁ, ¿CÓMO SE LLAMA?..... YANPOL....YANPOL BELMON... ¡NO!....YANPOL...¿SASTRE, SE LLAMA?
¡AH! ¿SARTRE?
¡ÉSE! EL ÚLTIMO POLLO QUE COMIMOS LO ESCRIBIÓ ÉL

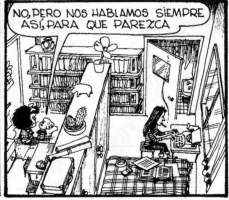

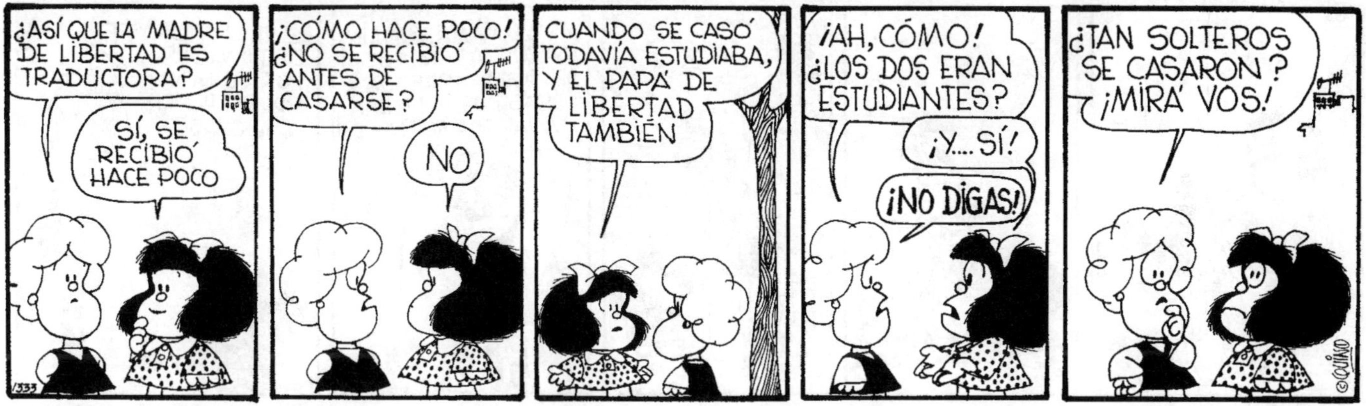
¿ASÍ QUE LA MADRE DE LIBERTAD ES TRADUCTORA?
SÍ, SE RECIBIÓ HACE POCO
¡CÓMO HACE POCO! ¿NO SE RECIBIÓ ANTES DE CASARSE?
NO
CUANDO SE CASÓ TODAVÍA ESTUDIABA, Y EL PAPÁ DE LIBERTAD TAMBIÉN
¡AH, CÓMO! ¿LOS DOS ERAN ESTUDIANTES?
¡Y... SÍ!
¡NO DIGAS!
¿TAN SOLTEROS SE CASARON? ¡MIRÁ VOS!

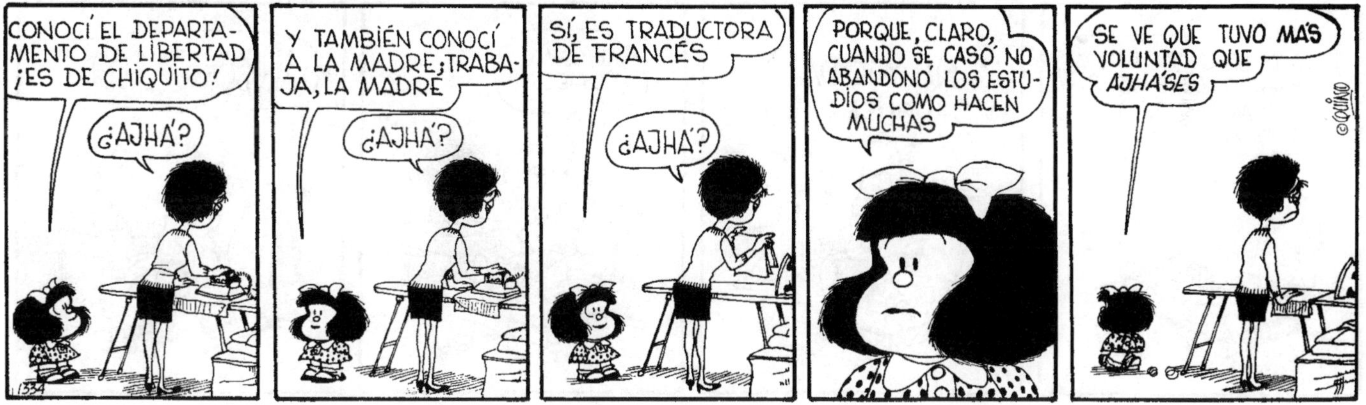
CONOCÍ EL DEPARTAMENTO DE LIBERTAD ¡ES DE CHIQUITO!
¿AJHÁ?
Y TAMBIÉN CONOCÍ A LA MADRE; TRABAJA, LA MADRE
¿AJHÁ?
SÍ, ES TRADUCTORA DE FRANCÉS
¿AJHÁ?
PORQUE, CLARO, CUANDO SE CASÓ NO ABANDONÓ LOS ESTUDIOS COMO HACEN MUCHAS
SE VE QUE TUVO **MÁS** VOLUNTAD QUE *AJHÁ'SES*

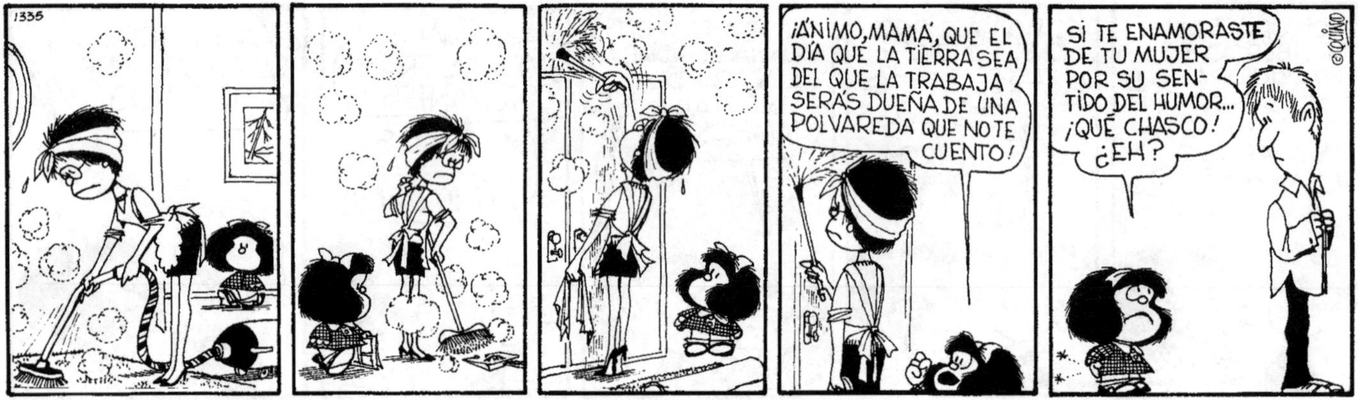
1335
¡ÁNIMO, MAMÁ, QUE EL DÍA QUE LA TIERRA SEA DEL QUE LA TRABAJA SERÁS DUEÑA DE UNA POLVAREDA QUE NO TE CUENTO!
SI TE ENAMORASTE DE TU MUJER POR SU SENTIDO DEL HUMOR... ¡QUÉ CHASCO! ¿EH?
© QUINO

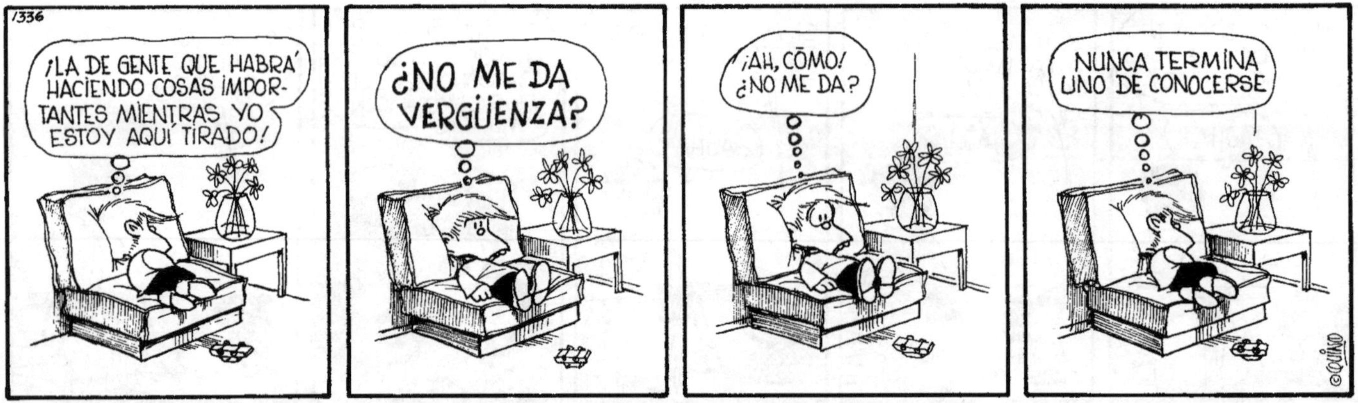
1336
¡LA DE GENTE QUE HABRÁ HACIENDO COSAS IMPORTANTES MIENTRAS YO ESTOY AQUÍ TIRADO!
¿NO ME DA VERGÜENZA?
¡AH, CÓMO! ¿NO ME DA?
NUNCA TERMINA UNO DE CONOCERSE
© QUINO

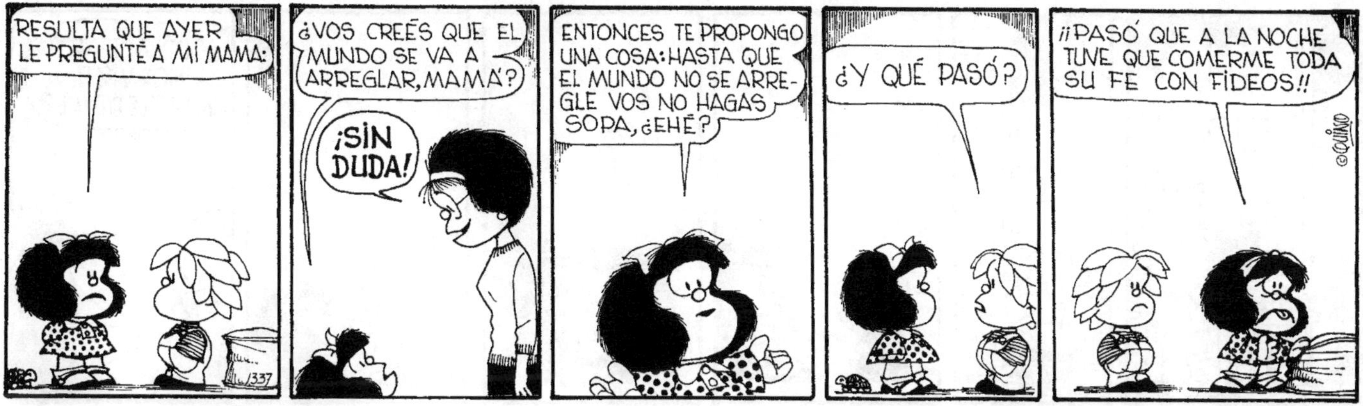
RESULTA QUE AYER LE PREGUNTÉ A MI MAMÁ:
¿VOS CREÉS QUE EL MUNDO SE VA A ARREGLAR, MAMÁ?
¡SIN DUDA!
ENTONCES TE PROPONGO UNA COSA: HASTA QUE EL MUNDO NO SE ARREGLE VOS NO HAGAS SOPA, ¿EHÉ?
¿Y QUÉ PASÓ?
¡¡PASÓ QUE A LA NOCHE TUVE QUE COMERME TODA SU FE CON FIDEOS!!
©QUINO
1337

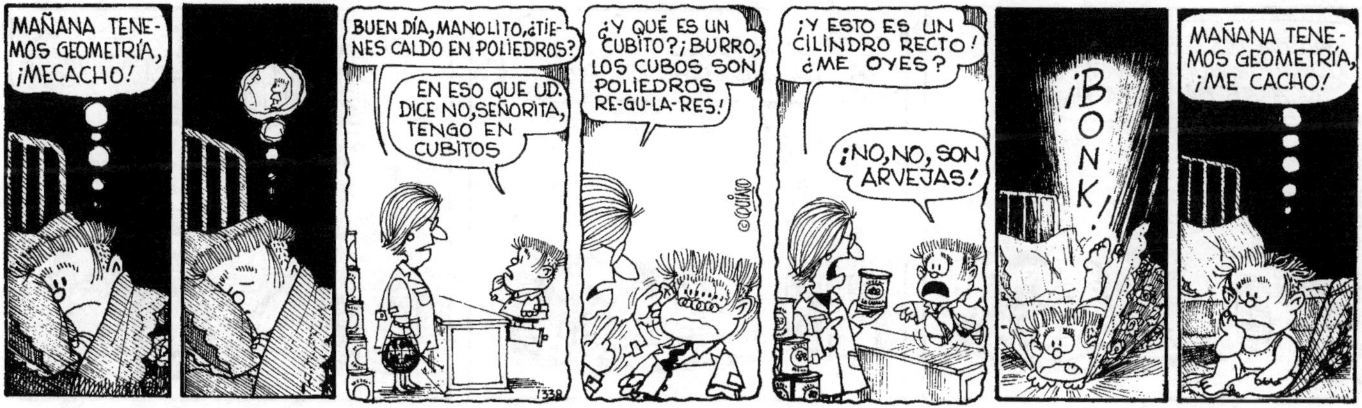
MAÑANA TENEMOS GEOMETRÍA, ¡MECACHO!
BUEN DÍA, MANOLITO, ¿TIENES CALDO EN POLIEDROS?
EN ESO QUE UD. DICE NO, SEÑORITA, TENGO EN CUBITOS
¿Y QUÉ ES UN CUBITO? ¡BURRO, LOS CUBOS SON POLIEDROS RE-GU-LA-RES!
©QUINO
¡Y ESTO ES UN CILINDRO RECTO! ¿ME OYES?
¡NO, NO, SON ARVEJAS!
¡BONK!
MAÑANA TENEMOS GEOMETRÍA, ¡ME CACHO!
1338

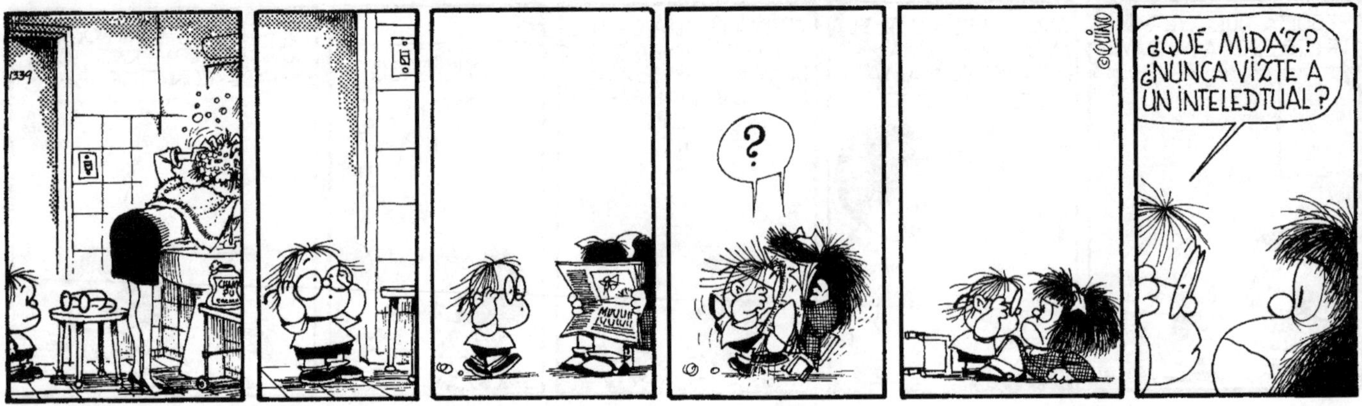
1339
?
©QUINO
¿QUÉ MIDÁZ? ¿NUNCA VIZTE A UN INTELEDTUAL?

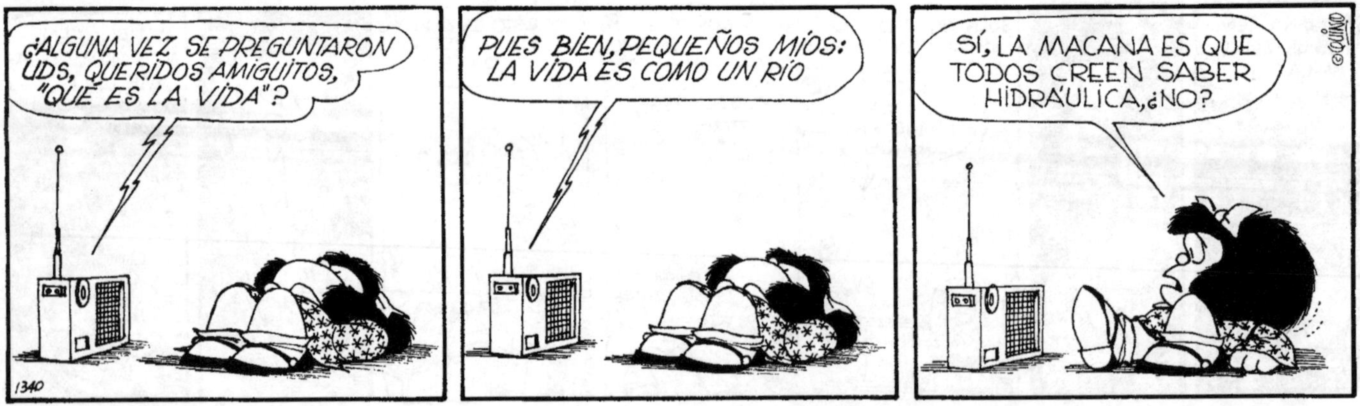
¿ALGUNA VEZ SE PREGUNTARON UDS, QUERIDOS AMIGUITOS, "QUÉ ES LA VIDA"?
1340
PUES BIEN, PEQUEÑOS MÍOS: LA VIDA ES COMO UN RÍO
©QUINO
SÍ, LA MACANA ES QUE TODOS CREEN SABER HIDRÁULICA, ¿NO?

¡¡PERO TAMBIÉN CUANDO YO QUISE CRUZAR!!

POR FAVOR, ¿PUEDEN ALCANZARME LAS PANTUFLAS?

POR FAVOR, MAFALDA, ¿PODÉS ALCANZÁRLE LAS PANTUFLAS A TU PADRE?

POR FAVOR, GUILLE, ¿PODÉS ALCANZÁRLE LAS PANTUFLAS A PAPÁ?

POD FAV.....

¡PAF!

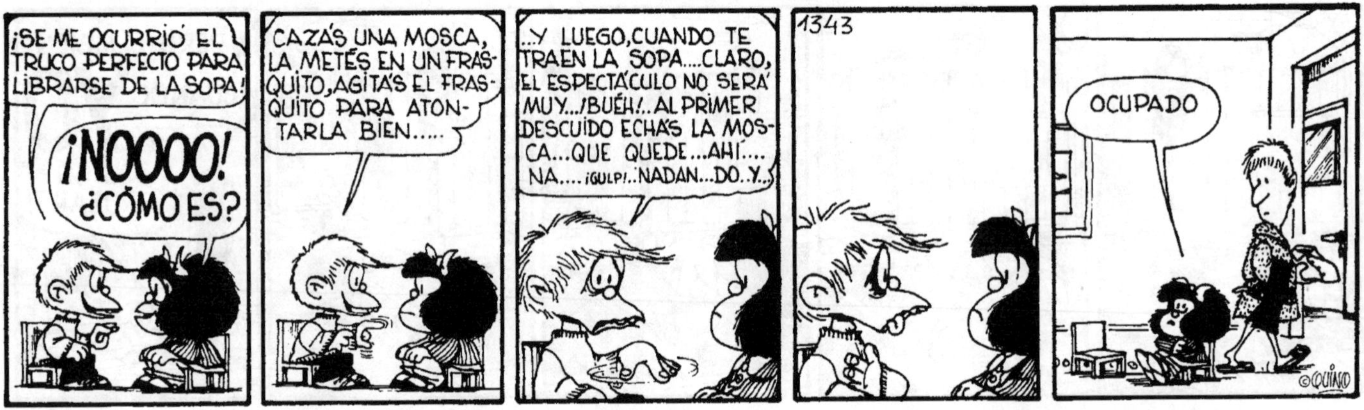
¡SE ME OCURRIÓ EL TRUCO PERFECTO PARA LIBRARSE DE LA SOPA!
¡NOOOO! ¿CÓMO ES?
CAZÁS UNA MOSCA, LA METÉS EN UN FRASQUITO, AGITÁS EL FRASQUITO PARA ATONTARLA BIEN.....
...Y LUEGO, CUANDO TE TRAEN LA SOPA....CLARO, EL ESPECTÁCULO NO SERÁ MUY...¡BUÉH!..AL PRIMER DESCUIDO ECHÁS LA MOSCA...QUE QUEDE...AHÍ.... NA.... ¡GULP!..NADAN...DO..Y..
1343
OCUPADO
©QUINO

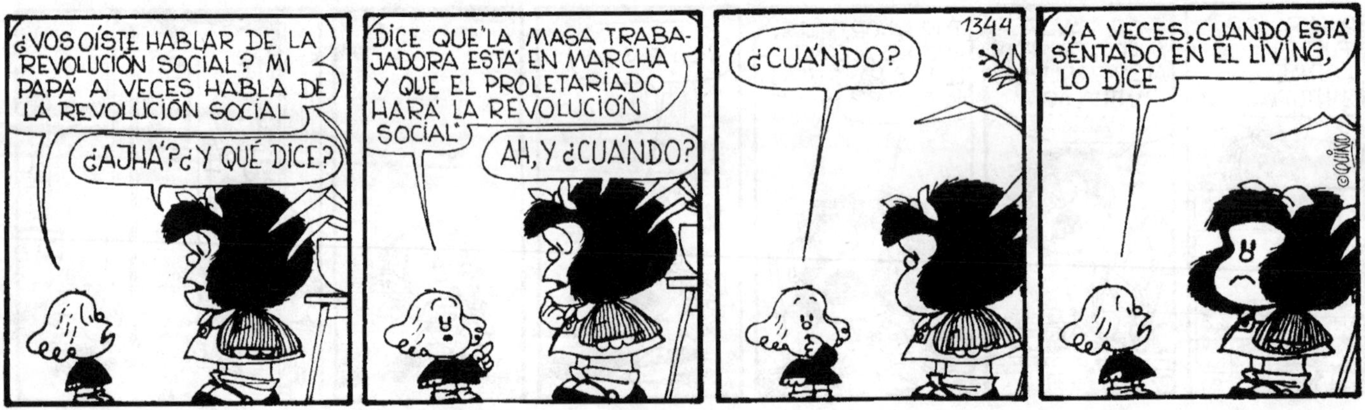
¿VOS OÍSTE HABLAR DE LA REVOLUCIÓN SOCIAL? MI PAPÁ A VECES HABLA DE LA REVOLUCIÓN SOCIAL
¿AJHÁ? ¿Y QUÉ DICE?
DICE QUE "LA MASA TRABAJADORA ESTÁ EN MARCHA Y QUE EL PROLETARIADO HARÁ LA REVOLUCIÓN SOCIAL"
AH, Y ¿CUÁNDO?
1344
¿CUÁNDO?
Y, A VECES, CUANDO ESTÁ SENTADO EN EL LIVING, LO DICE
©QUINO

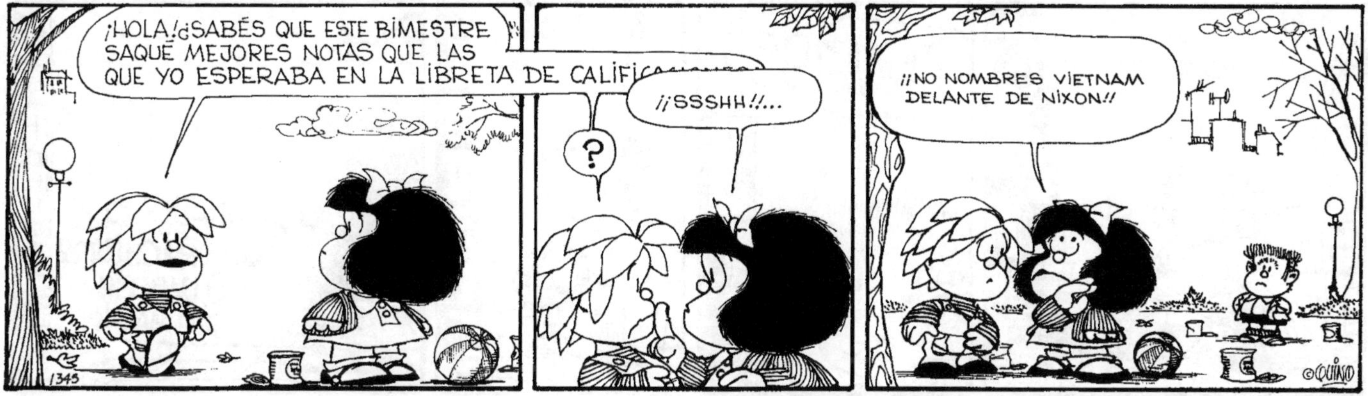
¡HOLA! ¿SABÉS QUE ESTE BIMESTRE SAQUÉ MEJORES NOTAS QUE LAS QUE YO ESPERABA EN LA LIBRETA DE CALIFI
?
¡¡SSSHH!!...
¡¡NO NOMBRES VIETNAM DELANTE DE NIXON!!
1345
©QUINO

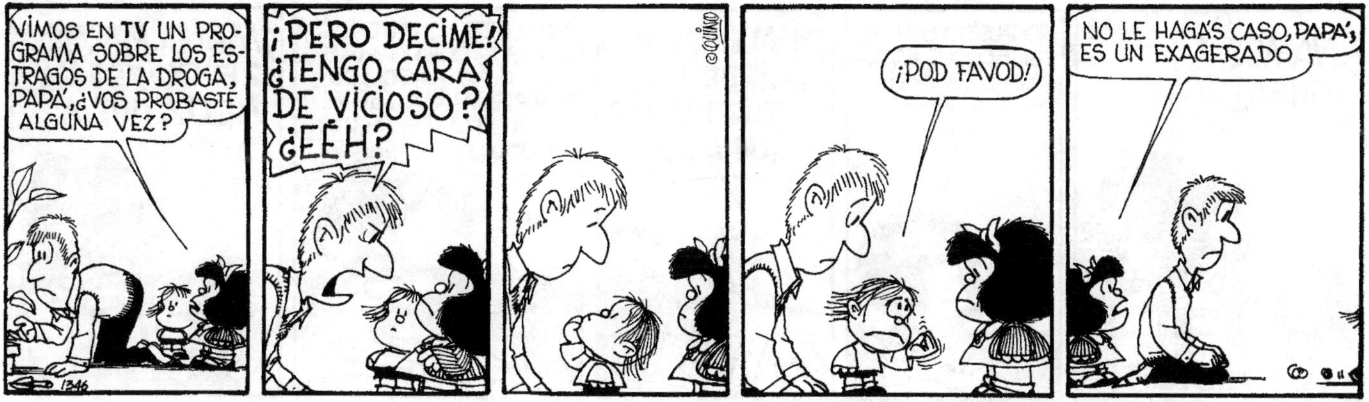
VIMOS EN TV UN PROGRAMA SOBRE LOS ESTRAGOS DE LA DROGA, PAPÁ, ¿VOS PROBASTE ALGUNA VEZ?
¡PERO DECIME! ¿TENGO CARA DE VICIOSO? ¿EEH?
¡POD FAVOD!
NO LE HAGÁS CASO, PAPÁ; ES UN EXAGERADO
1346
©QUINO

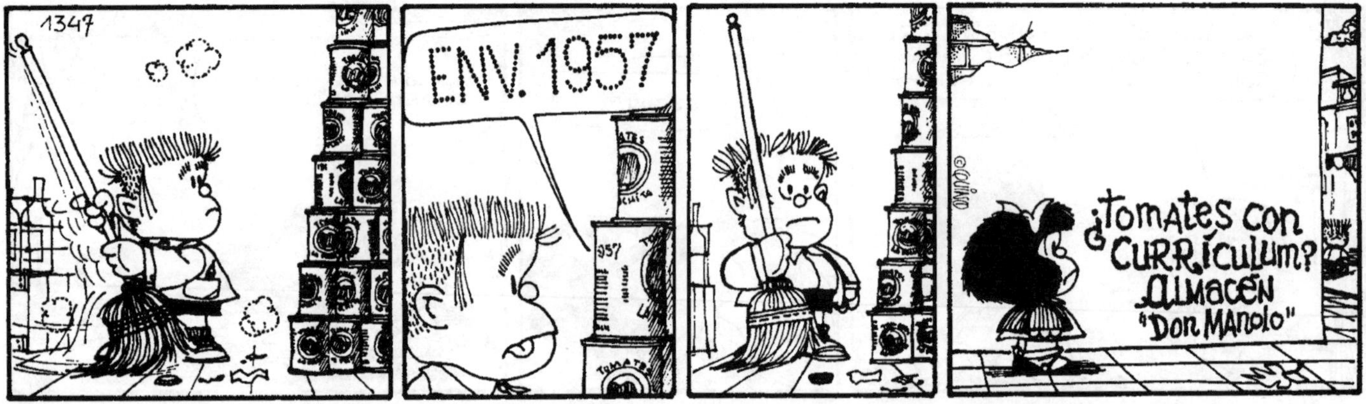
1347
ENV. 1957
¿TOMATES CON CURRÍCULUM?
ALMACÉN "DON MANOLO"
© QUINO

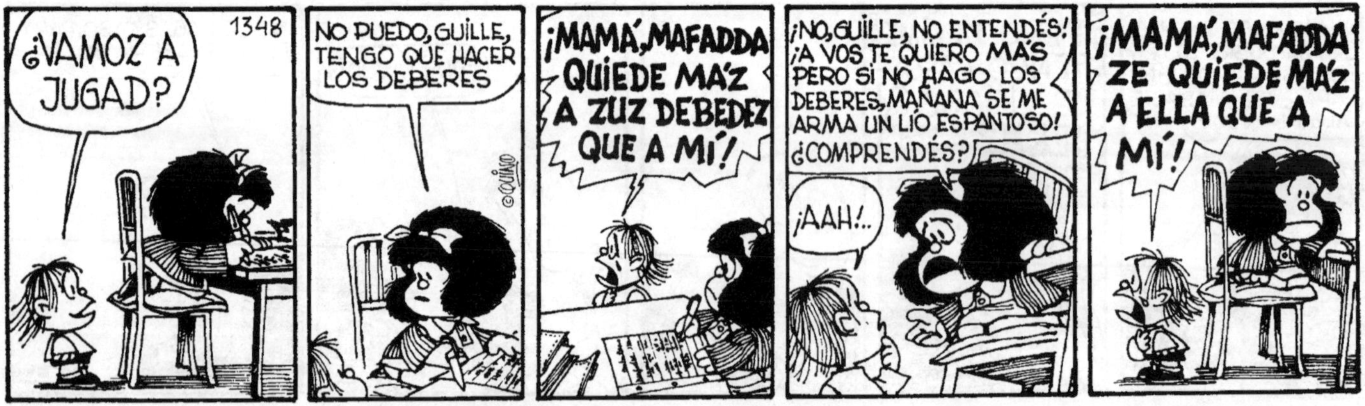
1348
¿VAMOZ A JUGAD?
NO PUEDO, GUILLE, TENGO QUE HACER LOS DEBERES
© QUINO
¡MAMÁ, MAFADDA QUIEDE MÁ'Z A ZUZ DEBEDEZ QUE A MÍ!
¡NO, GUILLE, NO ENTENDÉS! ¡A VOS TE QUIERO MÁS PERO SI NO HAGO LOS DEBERES, MAÑANA SE ME ARMA UN LÍO ESPANTOSO! ¿COMPRENDÉS?
¡AAH!..
¡MAMÁ, MAFADDA ZE QUIEDE MÁ'Z A ELLA QUE A MÍ!

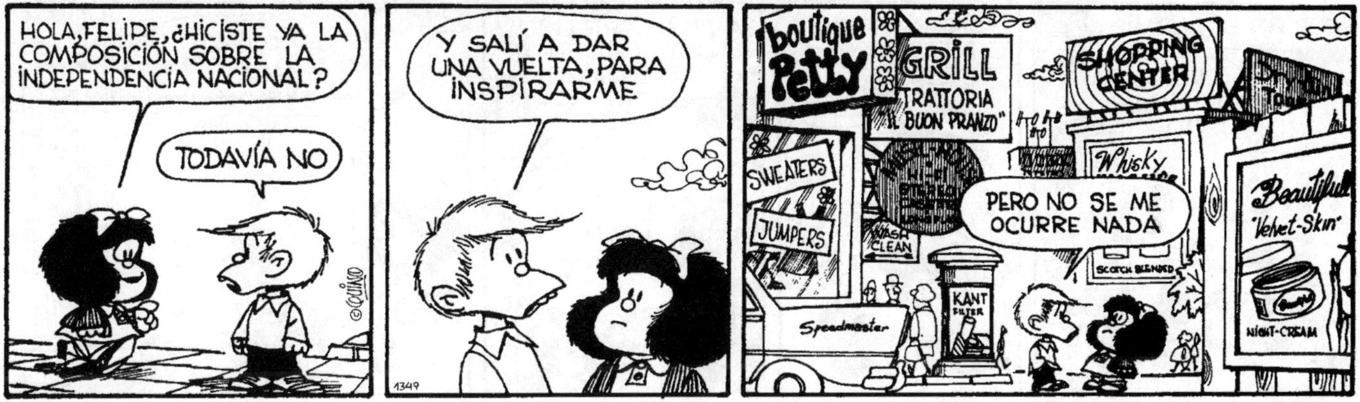
HOLA, FELIPE, ¿HICISTE YA LA COMPOSICIÓN SOBRE LA INDEPENDENCIA NACIONAL?
TODAVÍA NO
©QUINO
1349
Y SALÍ A DAR UNA VUELTA, PARA INSPIRARME
boutique Petty
GRILL
TRATTORIA "IL BUON PRANZO"
SHOPPING CENTER
SWEATERS
JUMPERS
WASH CLEAN
Whisky
SCOTCH BLENDED
KANT FILTER
Speedmaster
"Velvet-Skin"
NIGHT-CREAM
PERO NO SE ME OCURRE NADA

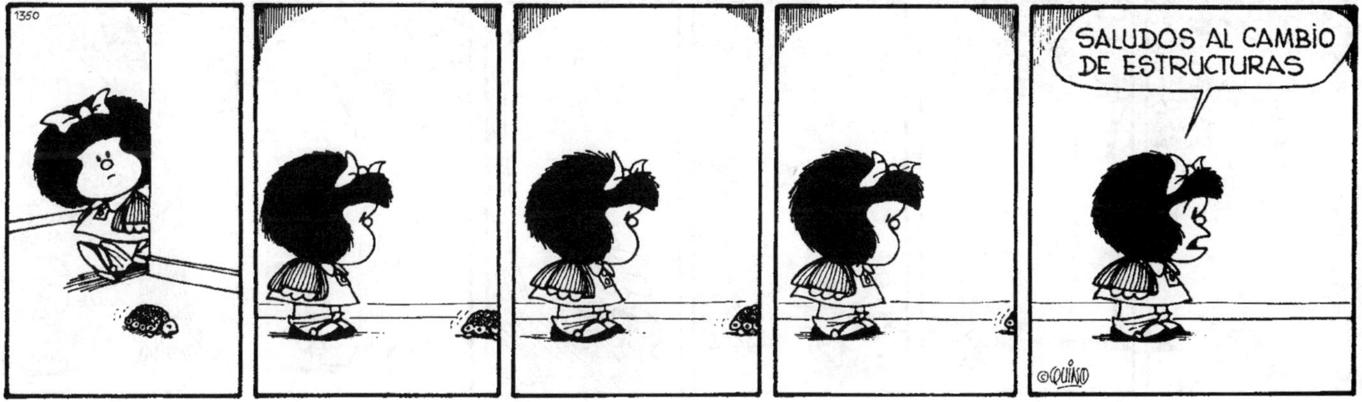
1350
SALUDOS AL CAMBIO DE ESTRUCTURAS
©QUINO

¡POR FÍN SE DURMIÓ!

¡APROVECHEN AHORA!

¡ANGELITO! ¡ME DA NO SÉ QUÉ!

¿Y SI SE DESPIERTA Y TE PREGUNTA?

¡QUE BERRINCHE, POBRE!

¡PERO, NO! ESPEREMOS QUE NO

¡AH! TE RECORTÉ EL TELÉFONO DEL CINE, CUALQUIER COSA LLÁMANOS

¡BUENO, CHAU, CHAU! QUE LES GUSTE LA PELÍCULA!

¡AH, CÓMO! ¿NO TE IBAZ CON LOZ VIEJOZ, VOZ?

SI EL DÍA DE MAÑANA YO LLEGO A SER FAMOSO A VOS TE PONDRÁN UNA PLACA QUE DIGA: "BAJO ESTE ÁRBOL ESTUVO MIGUELITO"

¡A VOS TAMBIÉN NO, CHE!...¡O TE CREÉS QUE EL BRONCE LO REGALAN!

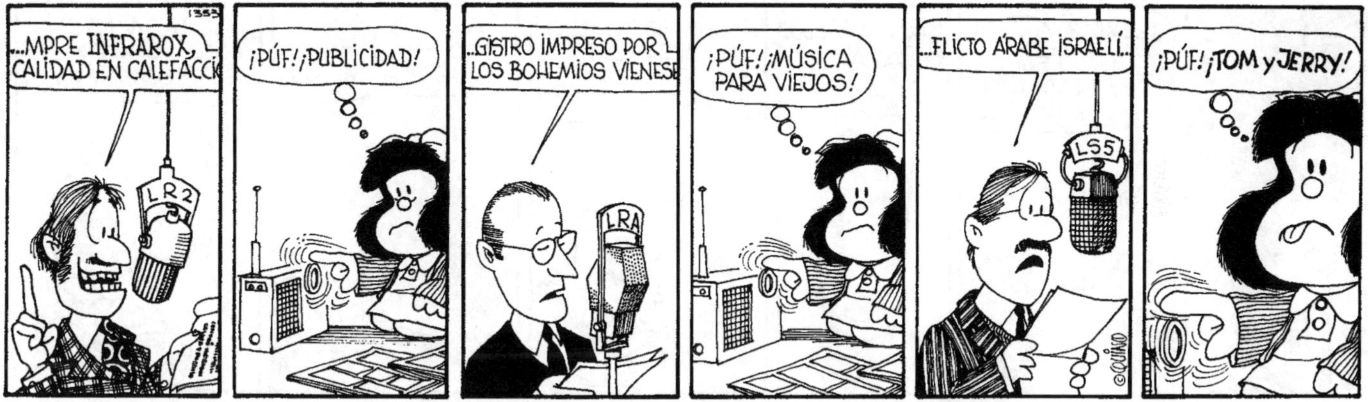

...MPRE INFRAROX, CALIDAD EN CALEFACCI
LR2
¡PÚF! ¡PUBLICIDAD!
...GISTRO IMPRESO POR LOS BOHEMIOS VIENESE
LRA
¡PÚF! ¡MÚSICA PARA VIEJOS!
...FLICTO ÁRABE ISRAELÍ...
LS5
¡PÚF! ¡TOM y JERRY!

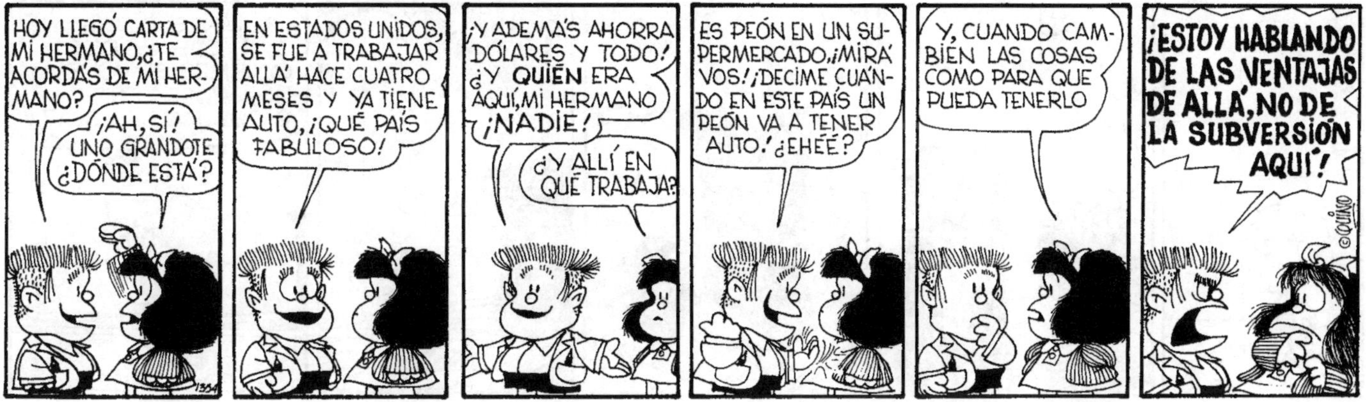

HOY LLEGÓ CARTA DE MI HERMANO, ¿TE ACORDÁS DE MI HERMANO?
¡AH, SÍ! UNO GRANDOTE ¿DÓNDE ESTÁ?
EN ESTADOS UNIDOS, SE FUE A TRABAJAR ALLÁ HACE CUATRO MESES Y YA TIENE AUTO, ¡QUÉ PAÍS FABULOSO!
¡Y ADEMÁS AHORRA DÓLARES Y TODO! ¿Y QUIÉN ERA AQUÍ, MI HERMANO ¡NADIE!
¿Y ALLÍ EN QUÉ TRABAJA?
ES PEÓN EN UN SUPERMERCADO, ¡MIRÁ VOS! ¡DECIME CUÁNDO EN ESTE PAÍS UN PEÓN VA A TENER AUTO! ¿EHEÉ?
Y, CUANDO CAMBIEN LAS COSAS COMO PARA QUE PUEDA TENERLO
¡ESTOY HABLANDO DE LAS VENTAJAS DE ALLÁ, NO DE LA SUBVERSIÓN AQUÍ!

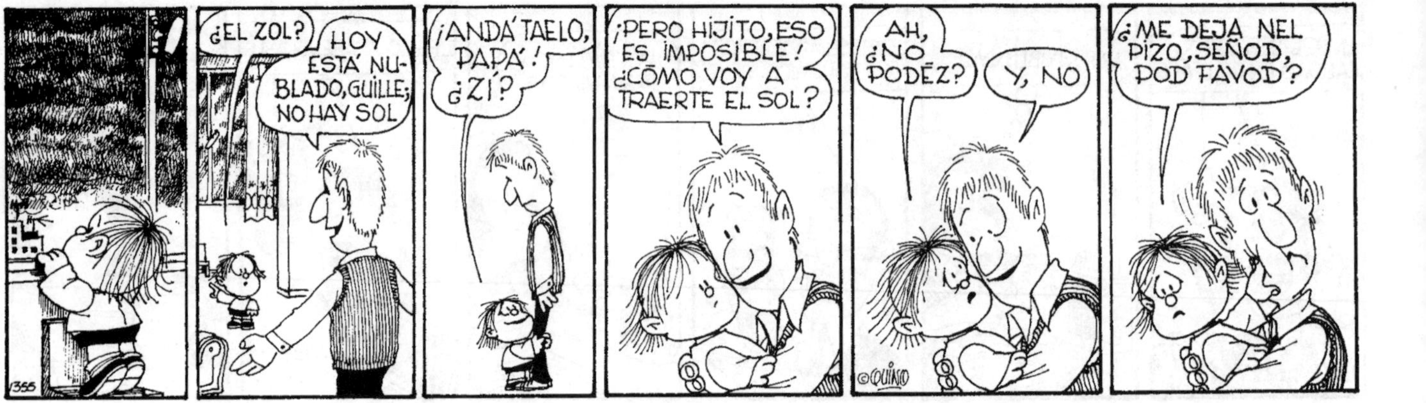
1355
¿EL ZOL?
HOY ESTÁ NUBLADO, GUILLE; NO HAY SOL
¡ANDÁ TAELO, PAPÁ! ¿ZÍ?
¡PERO HIJITO, ESO ES IMPOSIBLE! ¿CÓMO VOY A TRAERTE EL SOL?
AH, ¿NO PODÉZ?
Y, NO
©QUINO
¿ME DEJA NEL PIZO, SEÑOD, POD FAVOD?

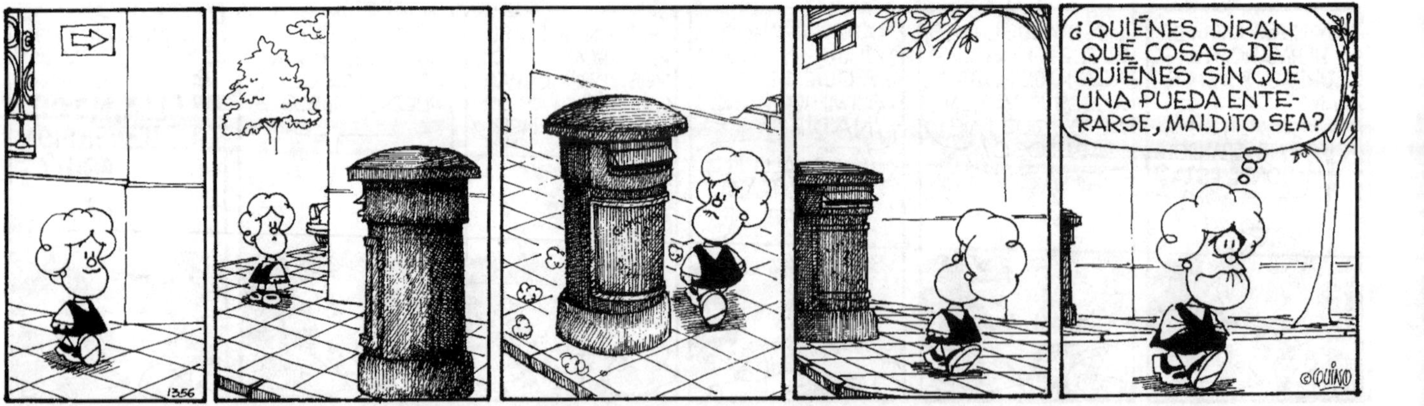
1356
¿QUIÉNES DIRÁN QUÉ COSAS DE QUIÉNES SIN QUE UNA PUEDA ENTERARSE, MALDITO SEA?
©QUINO

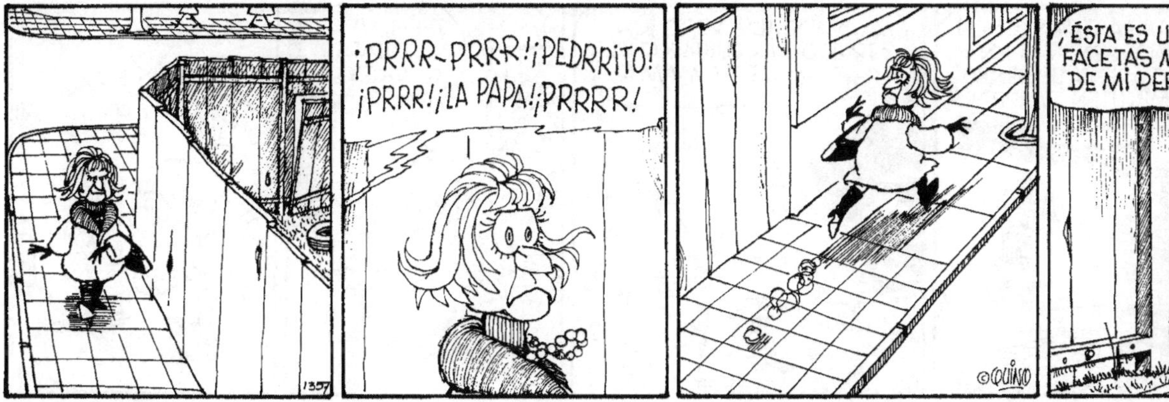

1357
¡PRRR-PRRR! ¡PEDRRITO! ¡PRRR! ¡LA PAPA! ¡PRRRR!
©QUINO
¡ÉSTA ES UNA DE LAS FACETAS MÁS DEPLORABLES DE MI PERSONALIDAD!

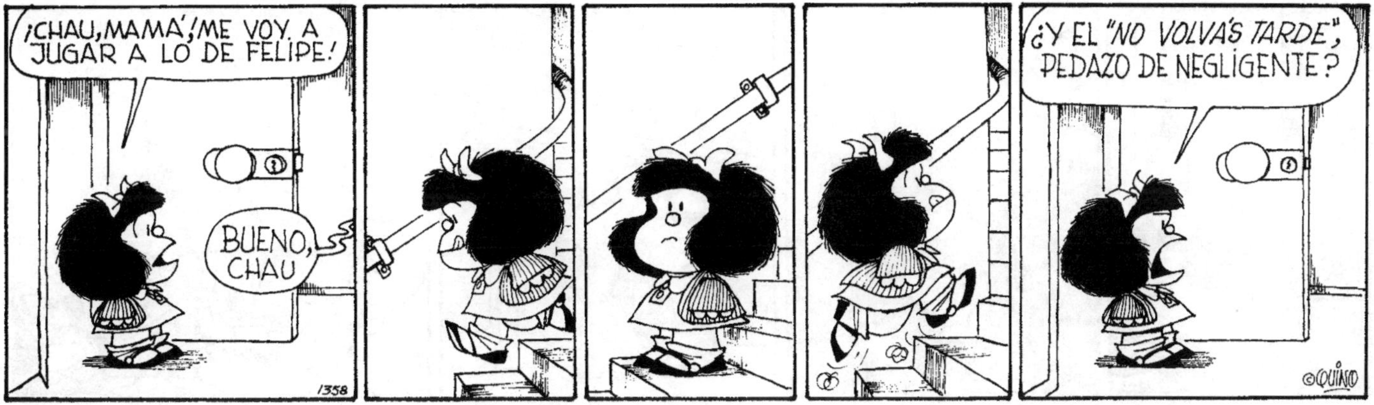

¡CHAU, MAMÁ! ¡ME VOY A JUGAR A LO DE FELIPE!
BUENO, CHAU
1358
¿Y EL "NO VOLVÁS TARDE", PEDAZO DE NEGLIGENTE?
©QUINO

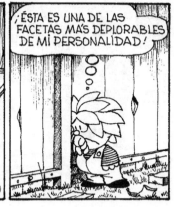

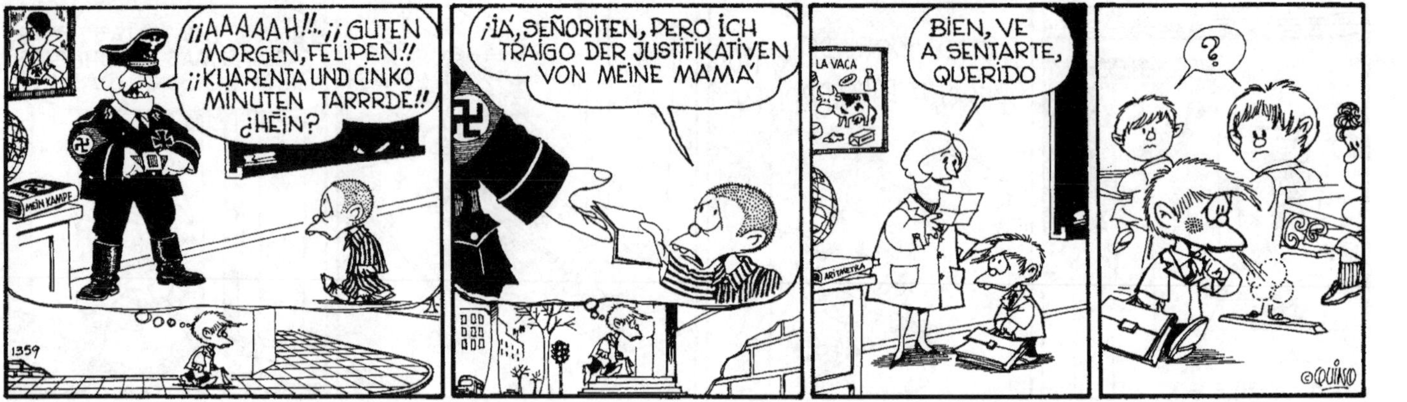

¡¡AAAAAH!!.. ¡¡GUTEN MORGEN, FELIPEN!! ¡¡KUARENTA UND CINKO MINUTEN TARRRDE!! ¿HEIN?
MEIN KAMPF
1359
¡IÁ, SEÑORITEN, PERO ICH TRAIGO DER JUSTIFIKATIVEN VON MEINE MAMÁ
LA VACA
BIEN, VE A SENTARTE, QUERIDO
?
©QUINO

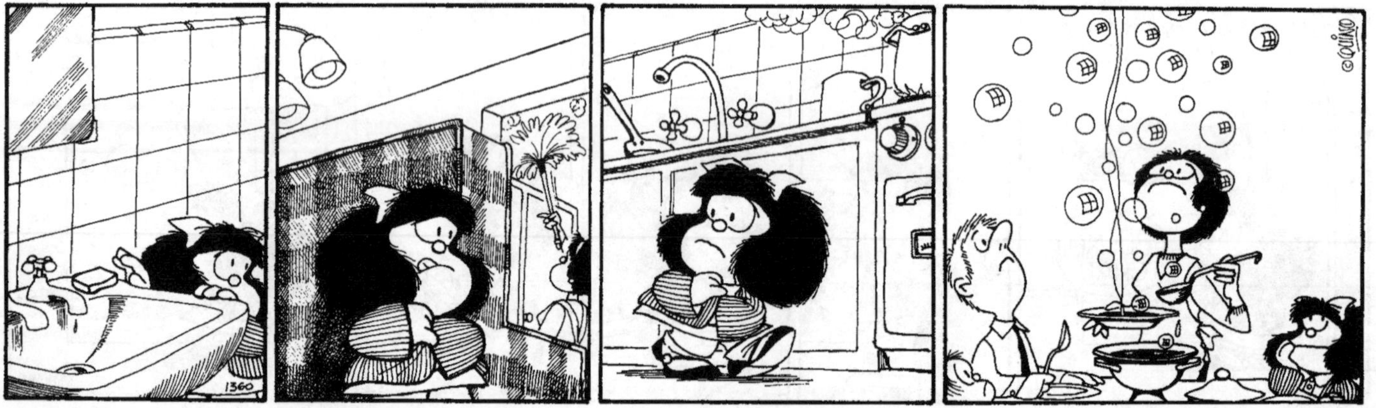

1360
©QUINO

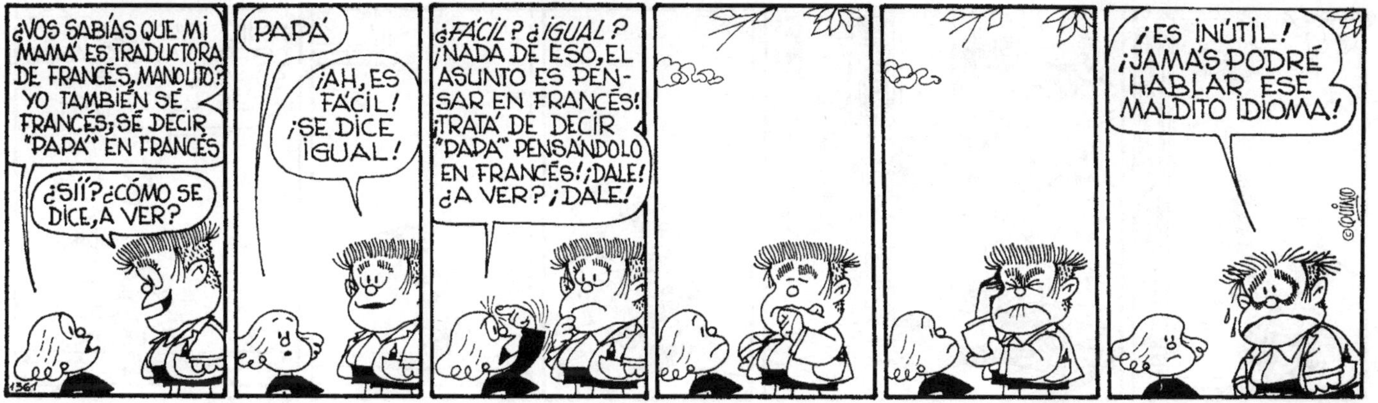
¿VOS SABÍAS QUE MI MAMÁ ES TRADUCTORA DE FRANCÉS, MANOLITO? YO TAMBIÉN SÉ FRANCÉS; SÉ DECIR "PAPÁ" EN FRANCÉS
¿SÍÍ? ¿CÓMO SE DICE, A VER?
1361
PAPÁ
¡AH, ES FÁCIL! ¡SE DICE IGUAL!
¿FÁCIL? ¿IGUAL? ¡NADA DE ESO, EL ASUNTO ES PENSAR EN FRANCÉS! ¡TRATÁ DE DECIR "PAPÁ" PENSÁNDOLO EN FRANCÉS! ¡DALE! ¿A VER? ¡DALE!
¡ES INÚTIL! ¡JAMÁS PODRÉ HABLAR ESE MALDITO IDIOMA!
©QUINO

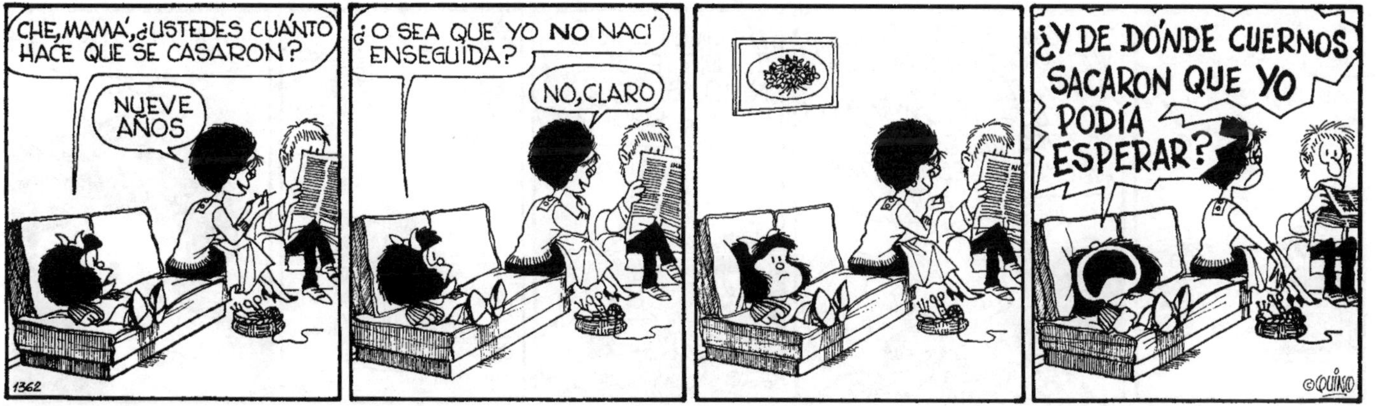
CHE, MAMÁ, ¿USTEDES CUÁNTO HACE QUE SE CASARON?
NUEVE AÑOS
1362
¿O SEA QUE YO NO NACÍ ENSEGUIDA?
NO, CLARO
¿Y DE DÓNDE CUERNOS SACARON QUE YO PODÍA ESPERAR?
©QUINO

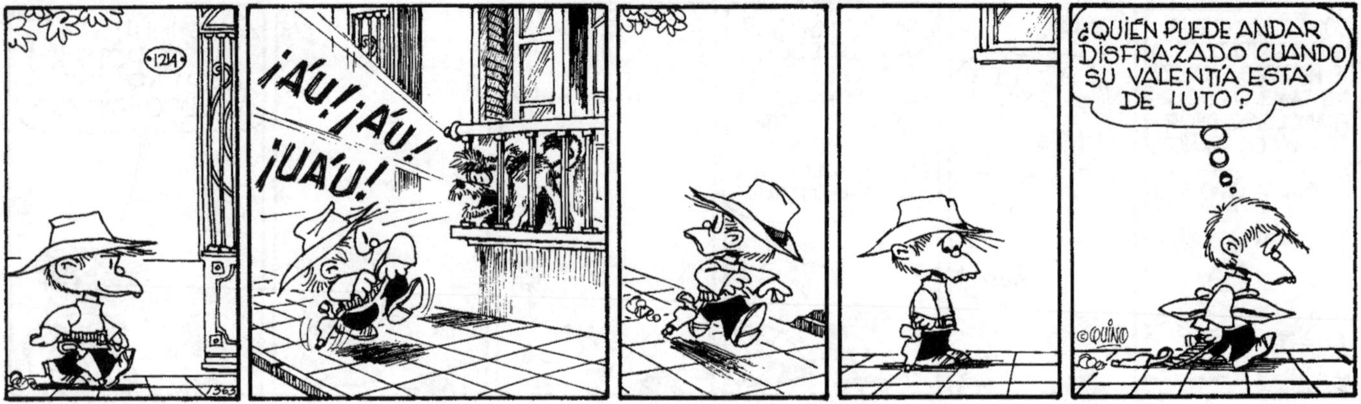
124
1363
¡AÚ! ¡AÚ!
¡UAÚ!
¿QUIÉN PUEDE ANDAR DISFRAZADO CUANDO SU VALENTÍA ESTÁ DE LUTO?
©QUINO

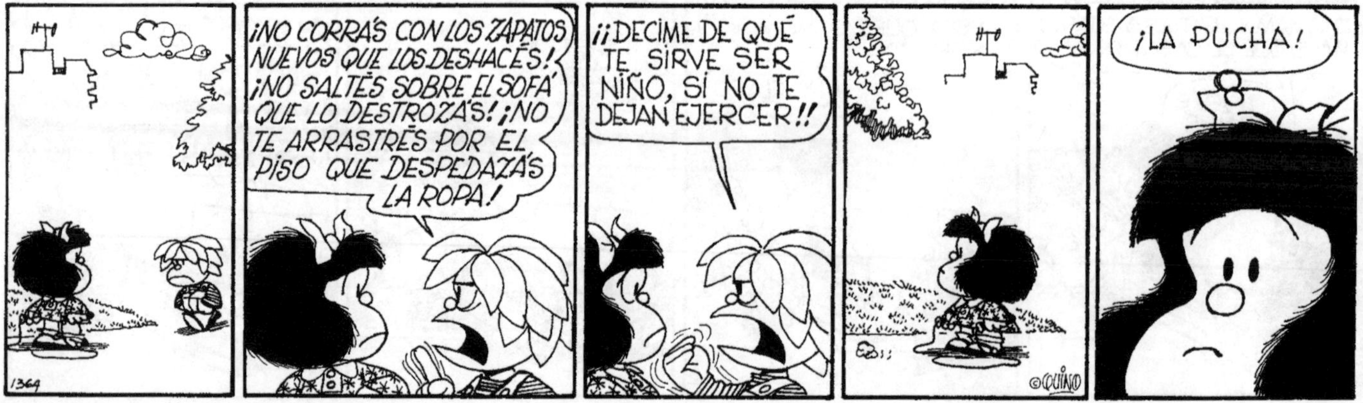
1364
¡NO CORRÁS CON LOS ZAPATOS NUEVOS QUE LOS DESHACÉS! ¡NO SALTÉS SOBRE EL SOFÁ QUE LO DESTROZÁS! ¡NO TE ARRASTRÉS POR EL PISO QUE DESPEDAZÁS LA ROPA!
¡¡DECIME DE QUÉ TE SIRVE SER NIÑO, SI NO TE DEJAN EJERCER!!
©QUINO
¡LA PUCHA!

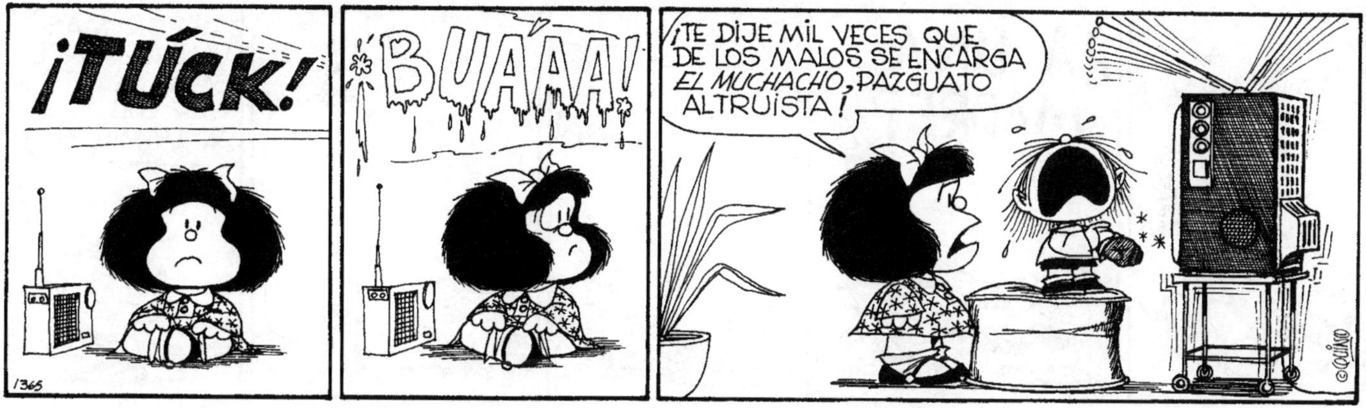
1365
¡TÚCK!
BUAAA!
¡TE DIJE MIL VECES QUE DE LOS MALOS SE ENCARGA *EL MUCHACHO*, PAZGUATO ALTRUISTA!
©QUINO

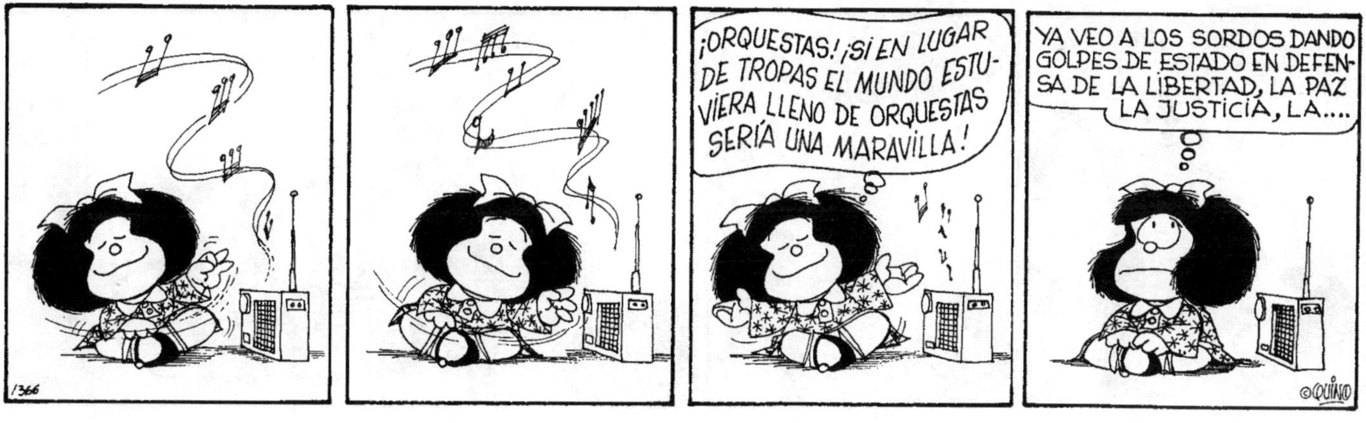
1366
¡ORQUESTAS! ¡SI EN LUGAR DE TROPAS EL MUNDO ESTUVIERA LLENO DE ORQUESTAS SERÍA UNA MARAVILLA!
YA VEO A LOS SORDOS DANDO GOLPES DE ESTADO EN DEFENSA DE LA LIBERTAD, LA PAZ LA JUSTICIA, LA....
©QUINO

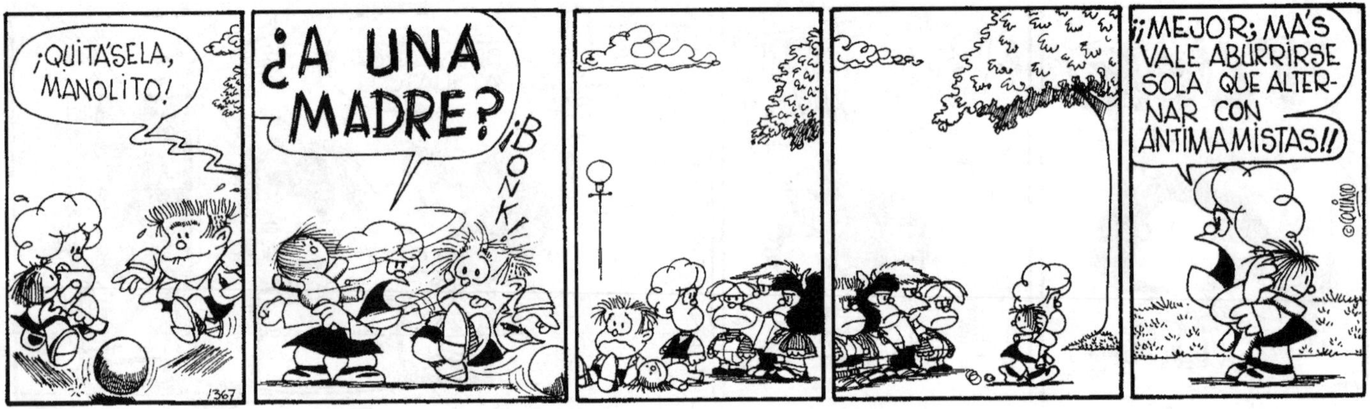
¡QUITÁSELA, MANOLITO!
¿A UNA MADRE?
¡BONK!
1367
¡¡MEJOR; MÁS VALE ABURRIRSE SOLA QUE ALTERNAR CON ANTIMAMISTAS!!
©QUINO

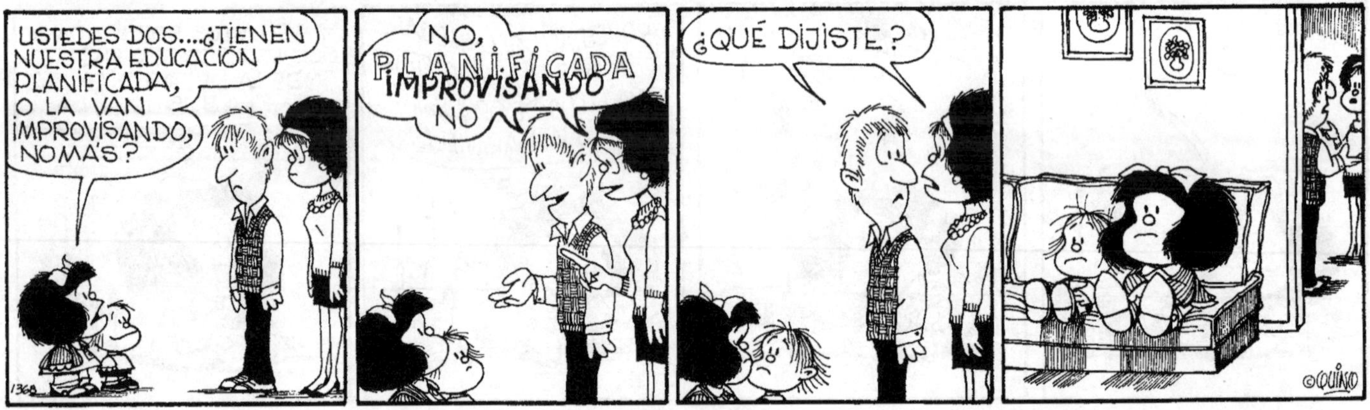
USTEDES DOS....¿TIENEN NUESTRA EDUCACIÓN PLANIFICADA, O LA VAN IMPROVISANDO, NOMÁS?
1368
NO, PLANIFICADA IMPROVISANDO NO
¿QUÉ DIJISTE?
©QUINO

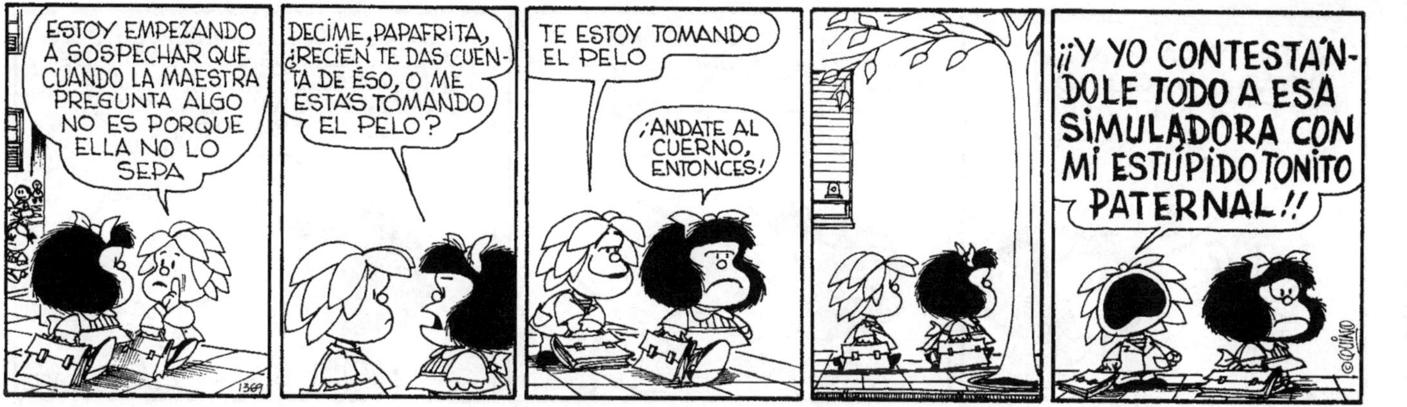
ESTOY EMPEZANDO A SOSPECHAR QUE CUANDO LA MAESTRA PREGUNTA ALGO NO ES PORQUE ELLA NO LO SEPA
1369
DECIME, PAPAFRITA, ¿RECIÉN TE DAS CUENTA DE ÉSO, O ME ESTÁS TOMANDO EL PELO?
TE ESTOY TOMANDO EL PELO
¡ANDATE AL CUERNO, ENTONCES!
¡¡Y YO CONTESTÁNDOLE TODO A ESA SIMULADORA CON MI ESTÚPIDO TONITO PATERNAL!!
©QUINO

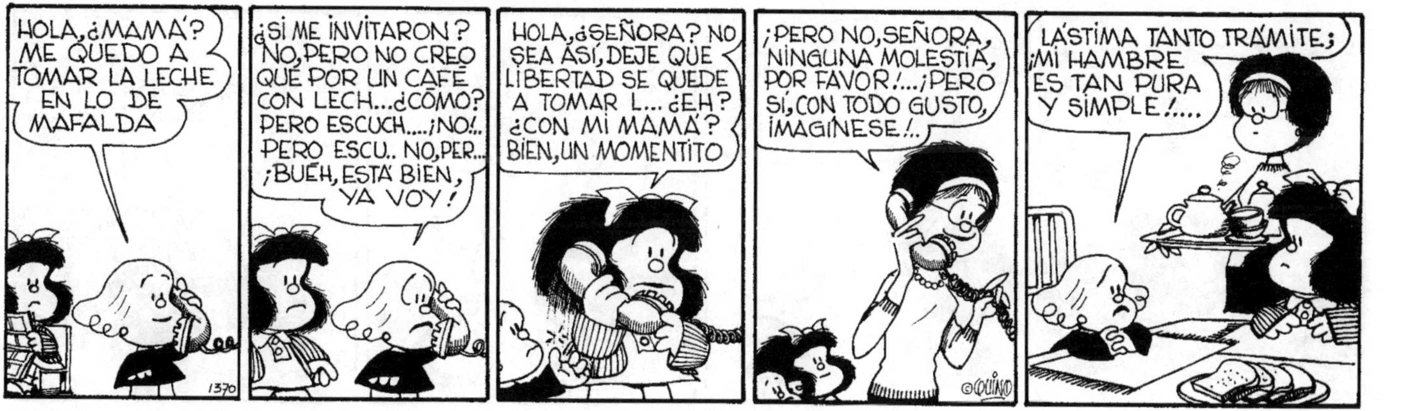
HOLA, ¿MAMÁ? ME QUEDO A TOMAR LA LECHE EN LO DE MAFALDA
1370
¿SI ME INVITARON? NO, PERO NO CREO QUE POR UN CAFÉ CON LECH...¿CÓMO? PERO ESCUCH....¡NO!... PERO ESCU.. NO, PER... ¡BUEH, ESTÁ BIEN, YA VOY!
HOLA, ¿SEÑORA? NO SEA ASÍ, DEJE QUE LIBERTAD SE QUEDE A TOMAR L... ¿EH? ¿CON MI MAMÁ? BIEN, UN MOMENTITO
¡PERO NO, SEÑORA, NINGUNA MOLESTIA, POR FAVOR!...¡PERO SÍ, CON TODO GUSTO, IMAGÍNESE!..
©QUINO
LÁSTIMA TANTO TRÁMITE; ¡MI HAMBRE ES TAN PURA Y SIMPLE!....

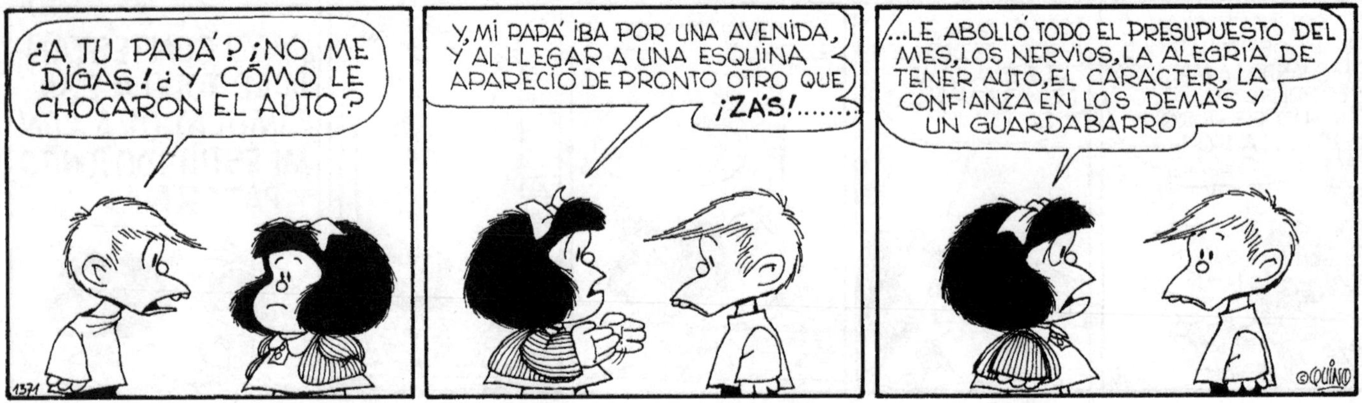
1371
¿A TU PAPÁ? ¡NO ME DIGAS! ¿Y CÓMO LE CHOCARON EL AUTO?
Y, MI PAPÁ IBA POR UNA AVENIDA, Y AL LLEGAR A UNA ESQUINA APARECIÓ DE PRONTO OTRO QUE ¡ZÁS!.......
...LE ABOLLÓ TODO EL PRESUPUESTO DEL MES, LOS NERVIOS, LA ALEGRÍA DE TENER AUTO, EL CARÁCTER, LA CONFIANZA EN LOS DEMÁS Y UN GUARDABARRO
©QUINO

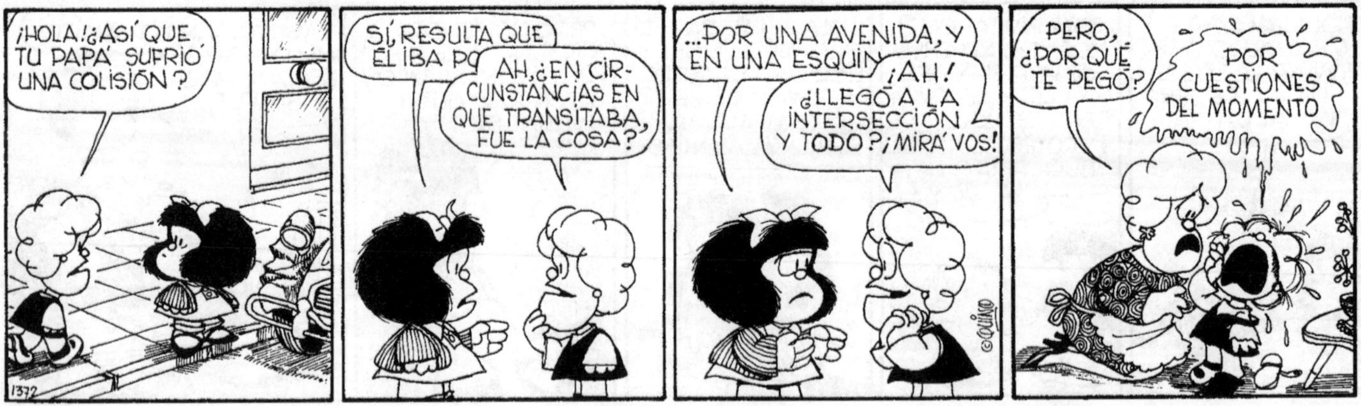
1372
¡HOLA! ¿ASÍ QUE TU PAPÁ SUFRIÓ UNA COLISIÓN?
SÍ, RESULTA QUE ÉL IBA PO
AH, ¿EN CIRCUNSTANCIAS EN QUE TRANSITABA, FUE LA COSA?
...POR UNA AVENIDA, Y EN UNA ESQUIN
¡AH! ¿LLEGÓ A LA INTERSECCIÓN Y TODO? ¡MIRÁ VOS!
©QUINO
PERO, ¿POR QUÉ TE PEGÓ?
POR CUESTIONES DEL MOMENTO

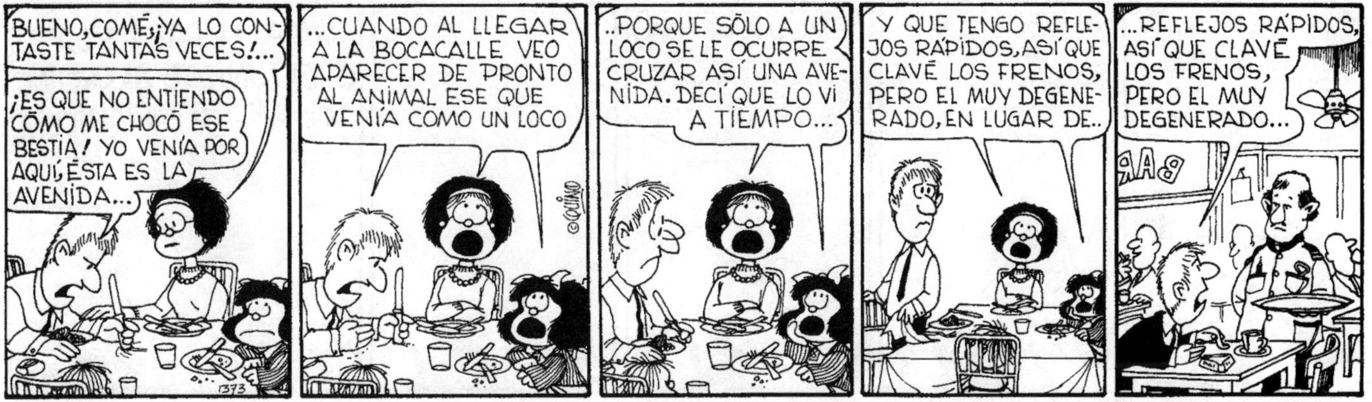
BUENO, COMÉ; ¡YA LO CONTASTE TANTAS VECES!...
¡ES QUE NO ENTIENDO CÓMO ME CHOCÓ ESE BESTIA! YO VENÍA POR AQUÍ, ÉSTA ES LA AVENIDA...
...CUANDO AL LLEGAR A LA BOCACALLE VEO APARECER DE PRONTO AL ANIMAL ESE QUE VENÍA COMO UN LOCO
..PORQUE SÓLO A UN LOCO SE LE OCURRE CRUZAR ASÍ UNA AVENIDA. DECÍ QUE LO VI A TIEMPO...
Y QUE TENGO REFLEJOS RÁPIDOS, ASÍ QUE CLAVÉ LOS FRENOS, PERO EL MUY DEGENERADO, EN LUGAR DE..
...REFLEJOS RÁPIDOS, ASÍ QUE CLAVÉ LOS FRENOS, PERO EL MUY DEGENERADO...

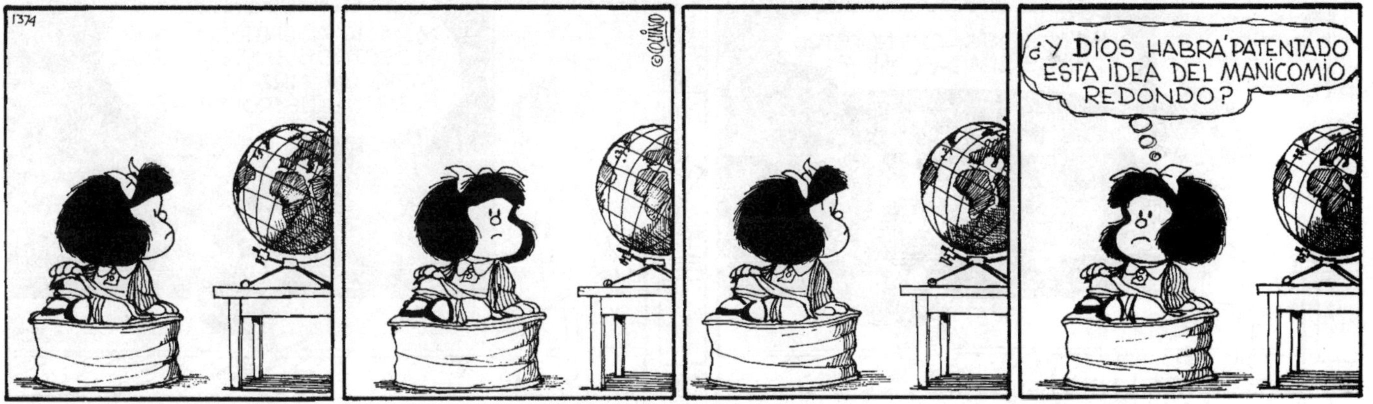
¿Y DIOS HABRÁ PATENTADO ESTA IDEA DEL MANICOMIO REDONDO?

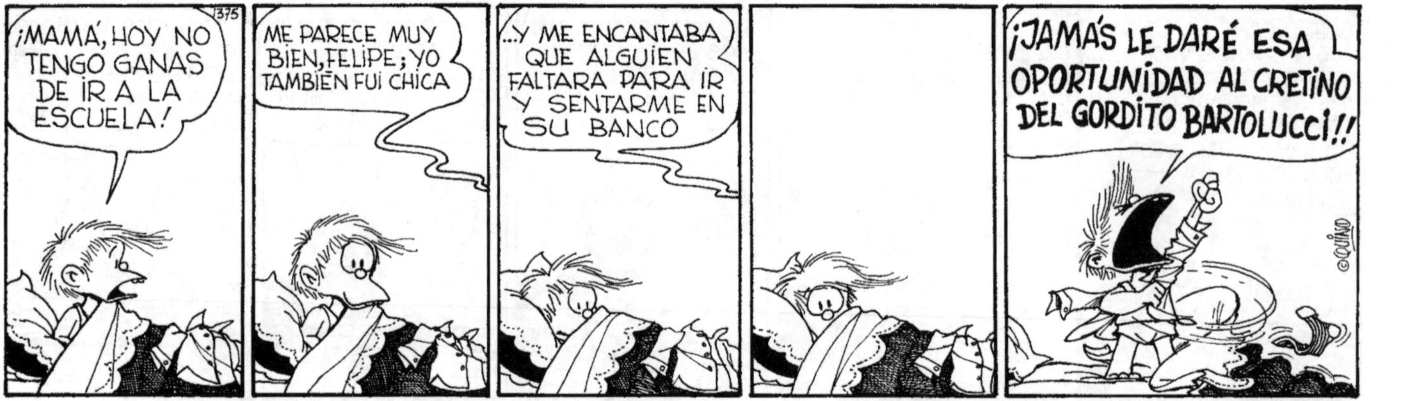
1375
¡MAMÁ, HOY NO TENGO GANAS DE IR A LA ESCUELA!
ME PARECE MUY BIEN, FELIPE; YO TAMBIÉN FUI CHICA
...Y ME ENCANTABA QUE ALGUIEN FALTARA PARA IR Y SENTARME EN SU BANCO
¡JAMÁS LE DARÉ ESA OPORTUNIDAD AL CRETINO DEL GORDITO BARTOLUCCI!!
© QUINO

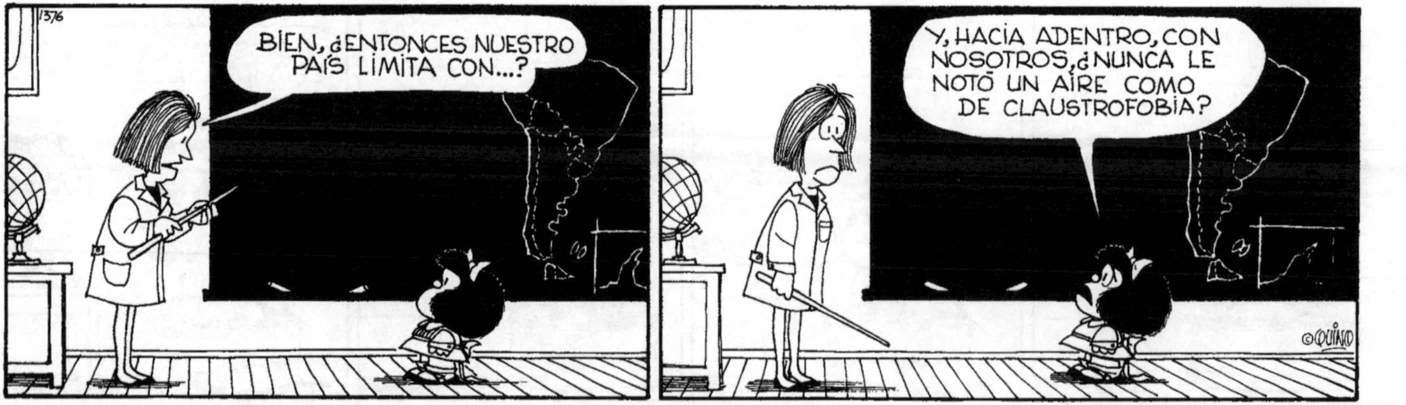
1376
BIEN, ¿ENTONCES NUESTRO PAÍS LIMITA CON...?
Y, HACIA ADENTRO, CON NOSOTROS, ¿NUNCA LE NOTÓ UN AIRE COMO DE CLAUSTROFOBIA?
© QUINO

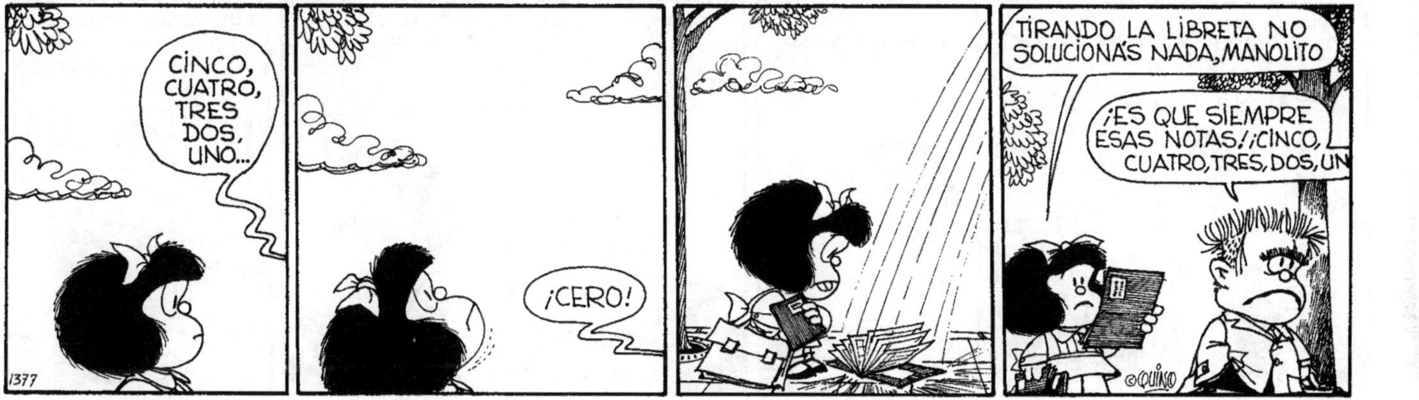
CINCO, CUATRO, TRES DOS, UNO...
1377
¡CERO!
TIRANDO LA LIBRETA NO SOLUCIONÁS NADA, MANOLITO
¡ES QUE SIEMPRE ESAS NOTAS! ¡CINCO, CUATRO, TRES, DOS, UN
©QUINO

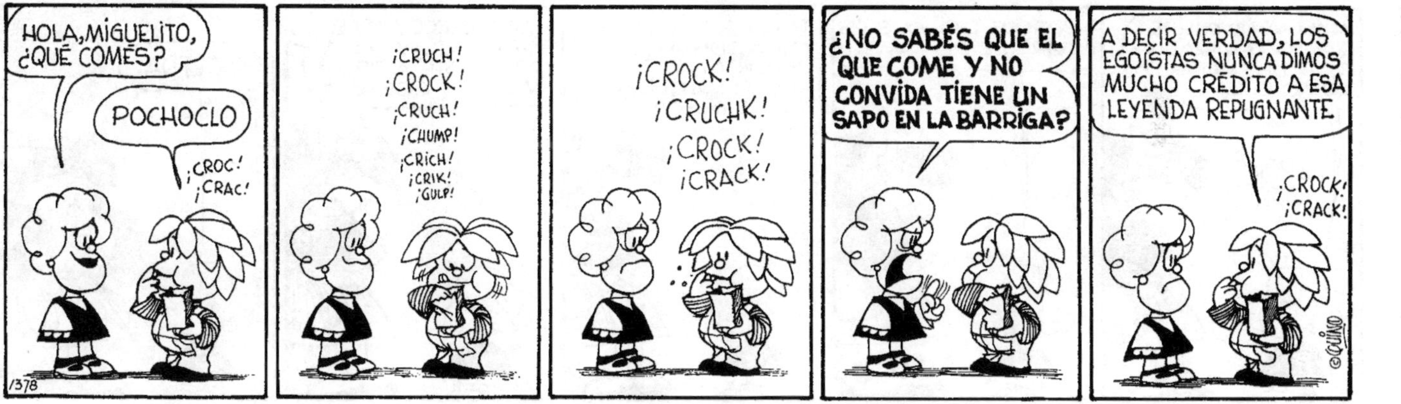
HOLA, MIGUELITO, ¿QUÉ COMÉS?
POCHOCLO
¡CROC! ¡CRAC!
1378
¡CRUCH! ¡CROCK! ¡CRUCH! ¡CHUMP! ¡CRICH! ¡CRIK! ¡GULP!
¡CROCK! ¡CRUCHK! ¡CROCK! ¡CRACK!
¿NO SABÉS QUE EL QUE COME Y NO CONVIDA TIENE UN SAPO EN LA BARRIGA?
A DECIR VERDAD, LOS EGOÍSTAS NUNCA DIMOS MUCHO CRÉDITO A ESA LEYENDA REPUGNANTE
¡CROCK! ¡CRACK!
©QUINO

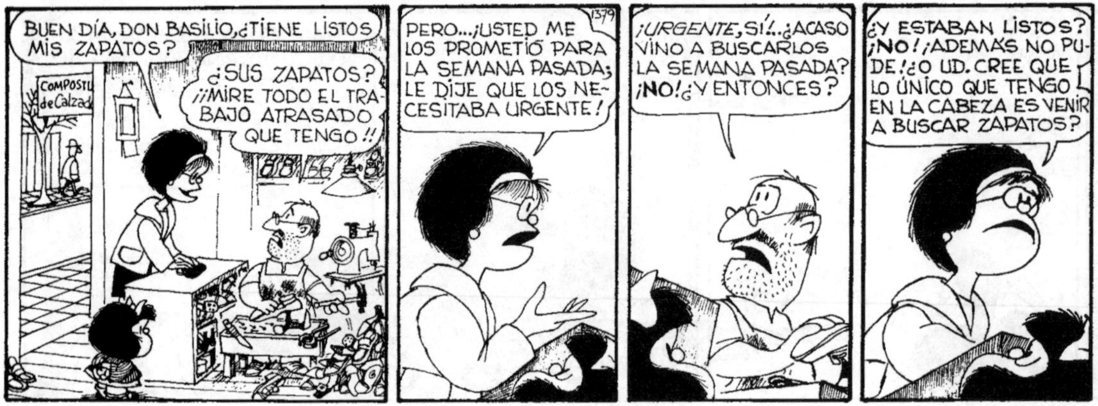
1379
BUEN DÍA, DON BASILIO, ¿TIENE LISTOS MIS ZAPATOS?
¿SUS ZAPATOS? ¡¡MIRE TODO EL TRABAJO ATRASADO QUE TENGO!!
PERO... ¡USTED ME LOS PROMETIÓ PARA LA SEMANA PASADA; LE DIJE QUE LOS NECESITABA URGENTE!
¡URGENTE, SÍ!... ¿ACASO VINO A BUSCARLOS LA SEMANA PASADA? ¡NO! ¿Y ENTONCES?
¿Y ESTABAN LISTOS? ¡NO! ¡ADEMÁS NO PUDE! ¿O UD. CREE QUE LO ÚNICO QUE TENGO EN LA CABEZA ES VENIR A BUSCAR ZAPATOS?
¡EH, MAFALDA! ¿QUÉ HACÉS?
AQUÍ ANDO, MAMANDO EL ESTILO NACIONAL
© QUINO

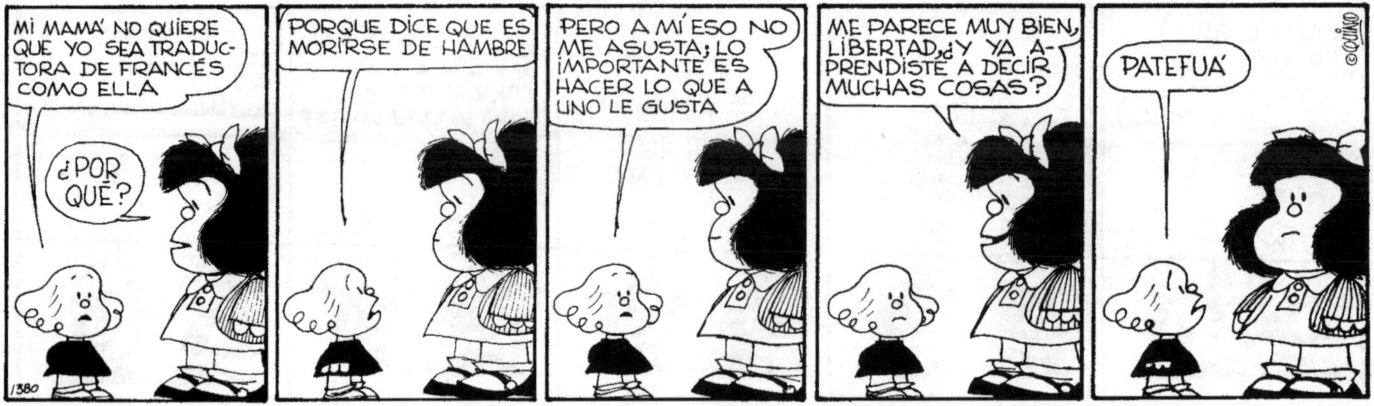
MI MAMÁ NO QUIERE QUE YO SEA TRADUCTORA DE FRANCÉS COMO ELLA
¿POR QUÉ?
1380
PORQUE DICE QUE ES MORIRSE DE HAMBRE
PERO A MÍ ESO NO ME ASUSTA; LO IMPORTANTE ES HACER LO QUE A UNO LE GUSTA
ME PARECE MUY BIEN, LIBERTAD, ¿Y YA APRENDISTE A DECIR MUCHAS COSAS?
PATEFUÁ
© QUINO

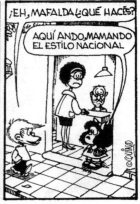

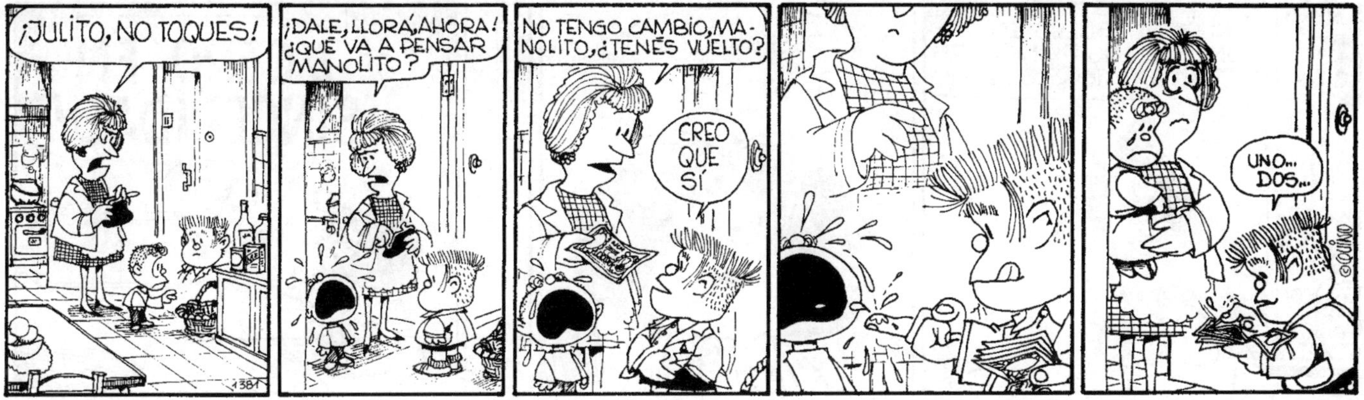
¡JULITO, NO TOQUES!
1381
¡DALE, LLORÁ, AHORA! ¿QUÉ VA A PENSAR MANOLITO?
NO TENGO CAMBIO, MANOLITO, ¿TENÉS VUELTO?
CREO QUE SÍ
UNO... DOS...
©QUINO

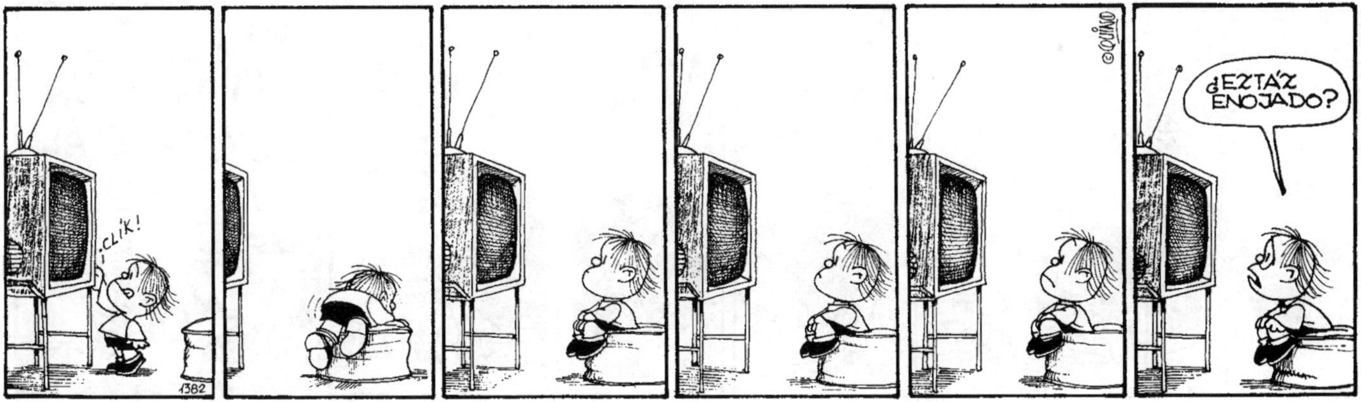
¡CLIK!
1382
©QUINO
¿EZTÁZ ENOJADO?

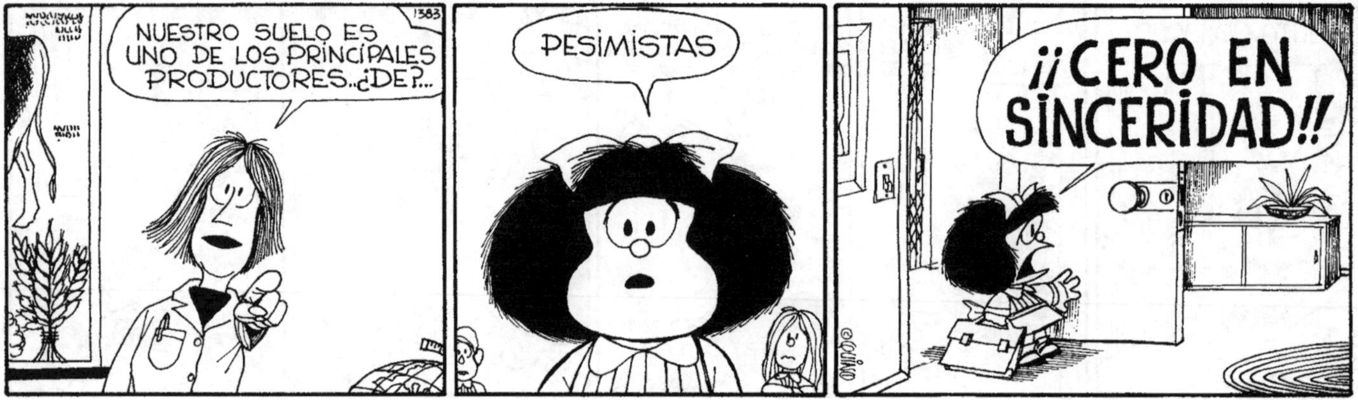
1383
NUESTRO SUELO ES UNO DE LOS PRINCIPALES PRODUCTORES..¿DE?...
PESIMISTAS
¡¡CERO EN SINCERIDAD!!
©QUINO

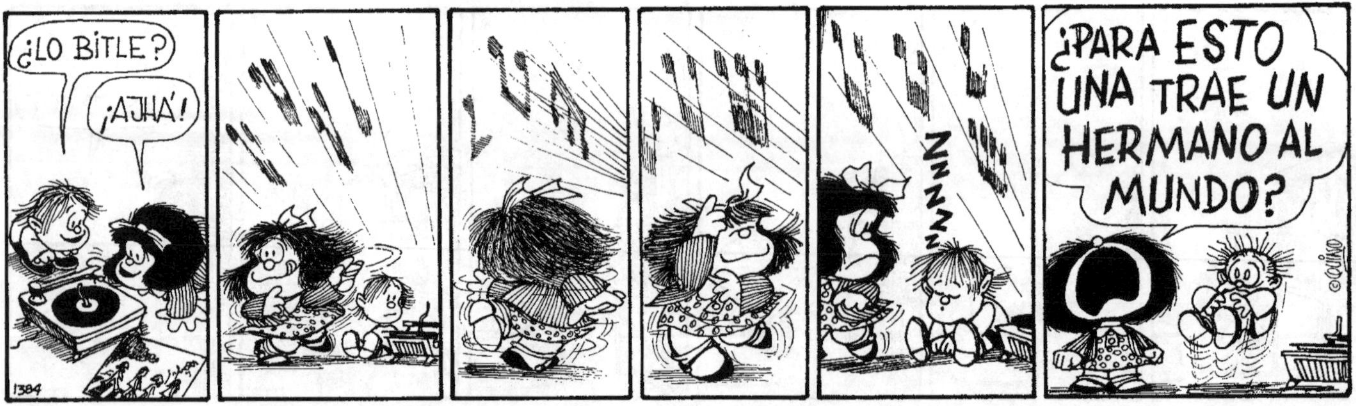
¿LO BITLE?
¡AJHÁ!
1384
¿PARA ESTO UNA TRAE UN HERMANO AL MUNDO?
©QUINO

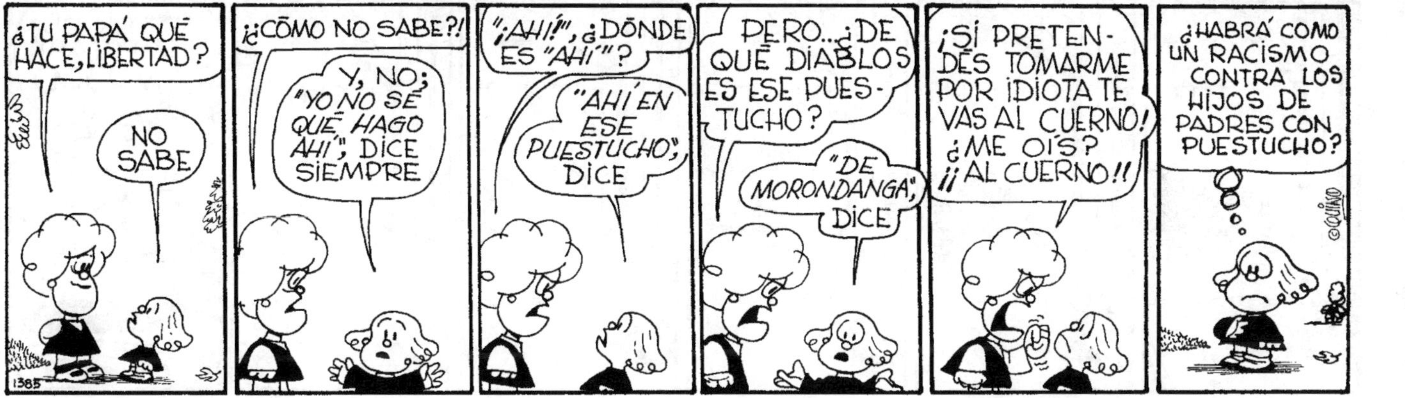
¿TU PAPÁ QUÉ HACE, LIBERTAD?
NO SABE
1385
¡¿CÓMO NO SABE?!
Y, NO; "YO NO SÉ QUÉ HAGO AHÍ", DICE SIEMPRE
"¡AHÍ!", ¿DÓNDE ES "AHÍ"?
"AHÍ EN ESE PUESTUCHO", DICE
PERO... ¿DE QUÉ DIABLOS ES ESE PUESTUCHO?
"DE MORONDANGA", DICE
¡SI PRETENDÉS TOMARME POR IDIOTA TE VAS AL CUERNO! ¿ME OÍS? ¡¡AL CUERNO!!
¿HABRÁ COMO UN RACISMO CONTRA LOS HIJOS DE PADRES CON PUESTUCHO?
©QUINO

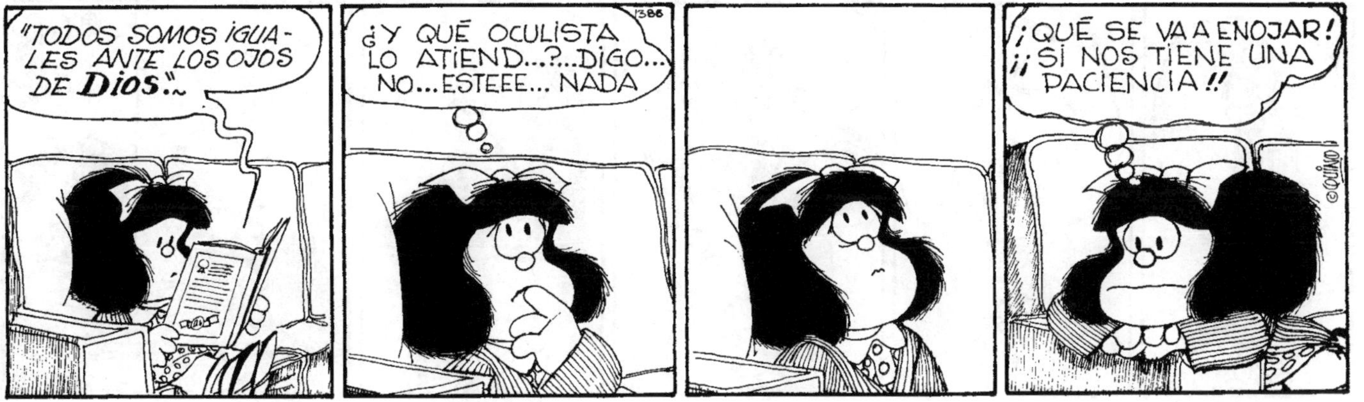
"TODOS SOMOS IGUALES ANTE LOS OJOS DE **DIOS**"...
1388
¿Y QUÉ OCULISTA LO ATIEND...?...DIGO... NO...ESTEEE... NADA
¡QUÉ SE VA A ENOJAR! ¡¡SI NOS TIENE UNA PACIENCIA!!
©QUINO

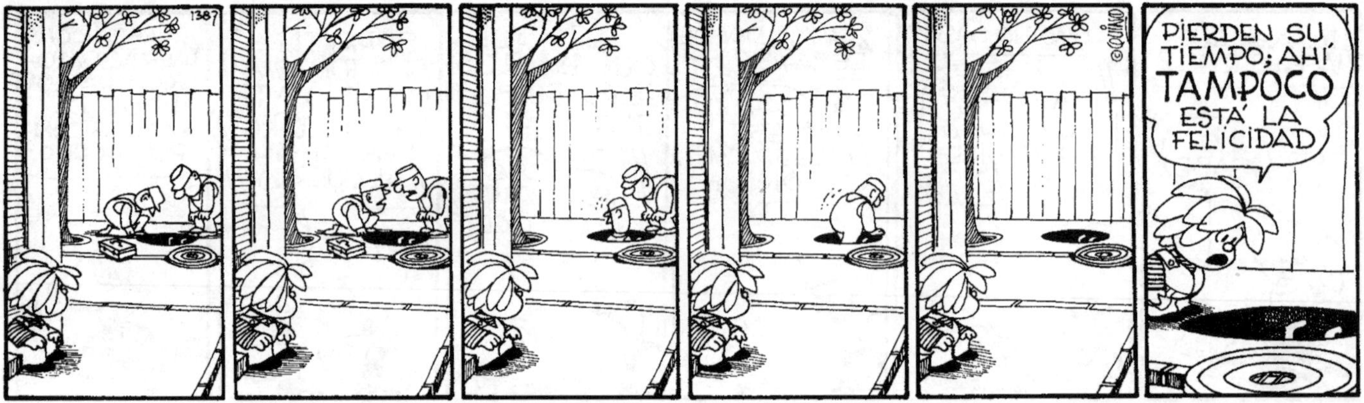
1387
©QUINO
PIERDEN SU TIEMPO; AHÍ TAMPOCO ESTÁ LA FELICIDAD

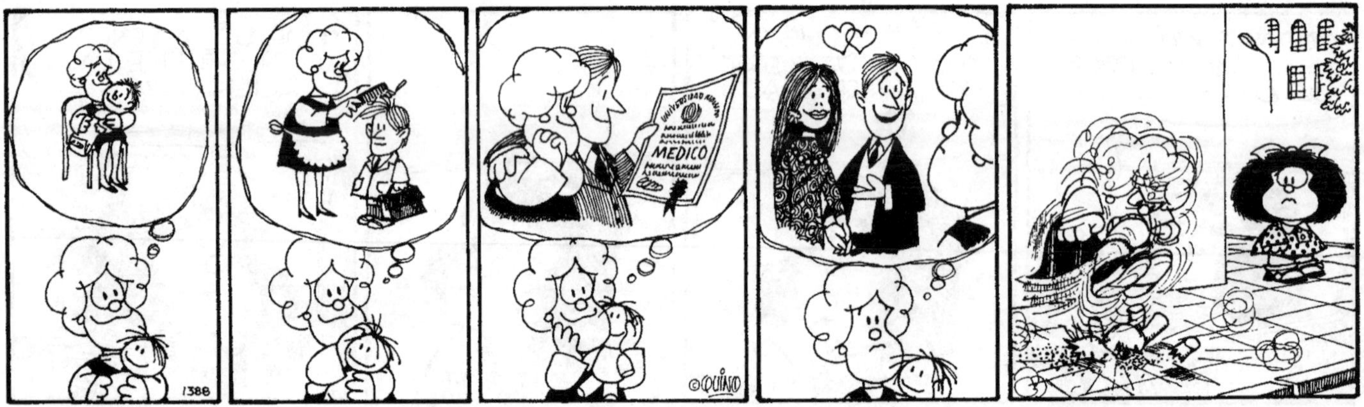
MEDICO
©QUINO
1388

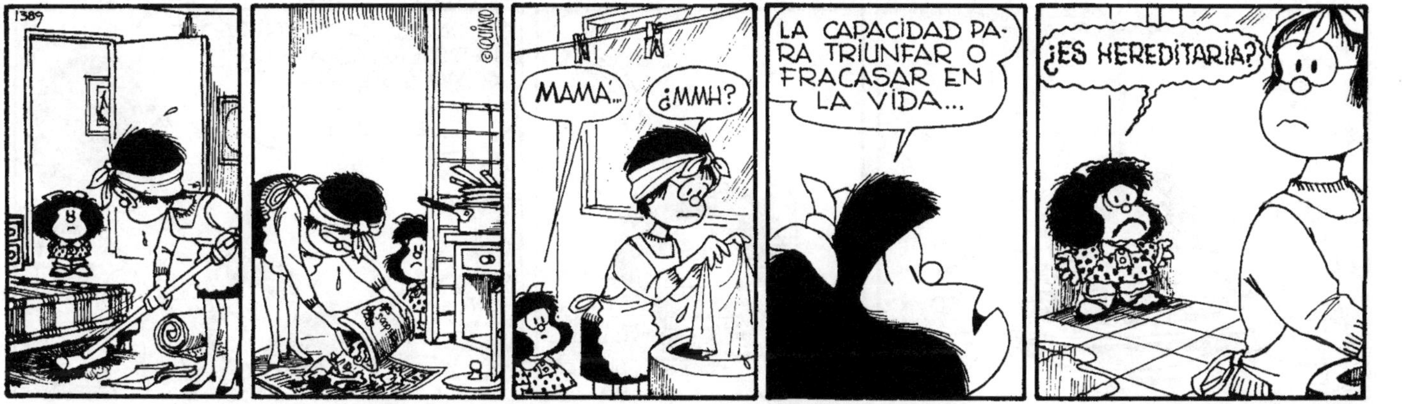
1389
MAMÁ...
¿MMH?
LA CAPACIDAD PARA TRIUNFAR O FRACASAR EN LA VIDA...
¿ES HEREDITARIA?

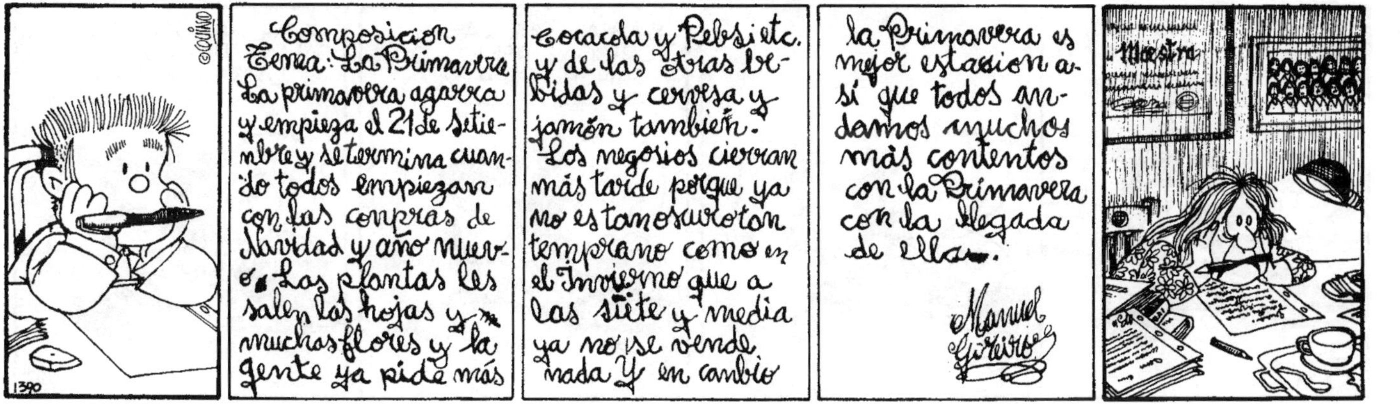
1390
Composición
Tema: La Primavera
La primavera agarra y empieza el 21 de setiembre y se termina cuando todos empiezan con las compras de Navidad y año nuevo. Las plantas les salen las hojas y muchas flores y la gente ya pide más Cocacola y Pebsi etc. y de las otras bebidas y cervesa y jamón también.
Los negosios cierran más tarde porque ya no es tan oscuro tan temprano como en el Invierno que a las siete y media ya no se vende nada. Y en cambio la Primavera es mejor estassion así que todos andamos muchos más contentos con la Primavera con la llegada de ella.
Manuel Goreiro
Maestra

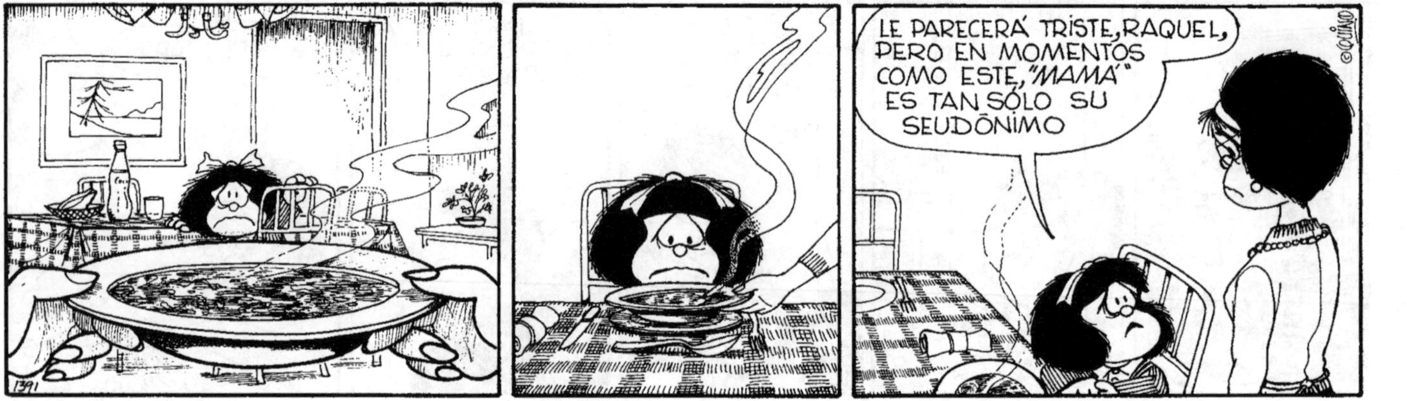
1391
LE PARECERÁ TRISTE, RAQUEL, PERO EN MOMENTOS COMO ESTE, "MAMÁ" ES TAN SÓLO SU SEUDÓNIMO
©QUINO

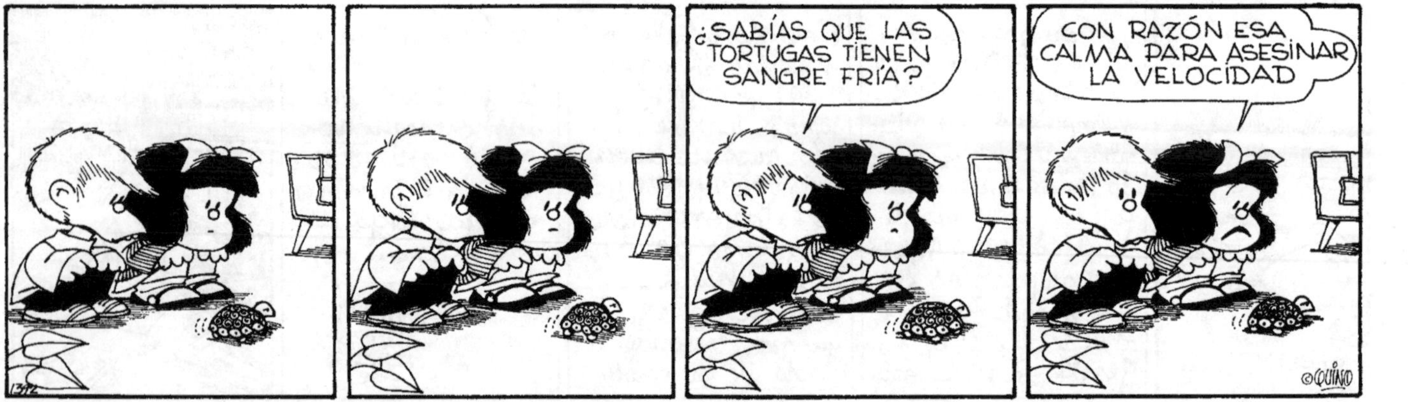
1392
¿SABÍAS QUE LAS TORTUGAS TIENEN SANGRE FRÍA?
CON RAZÓN ESA CALMA PARA ASESINAR LA VELOCIDAD
©QUINO

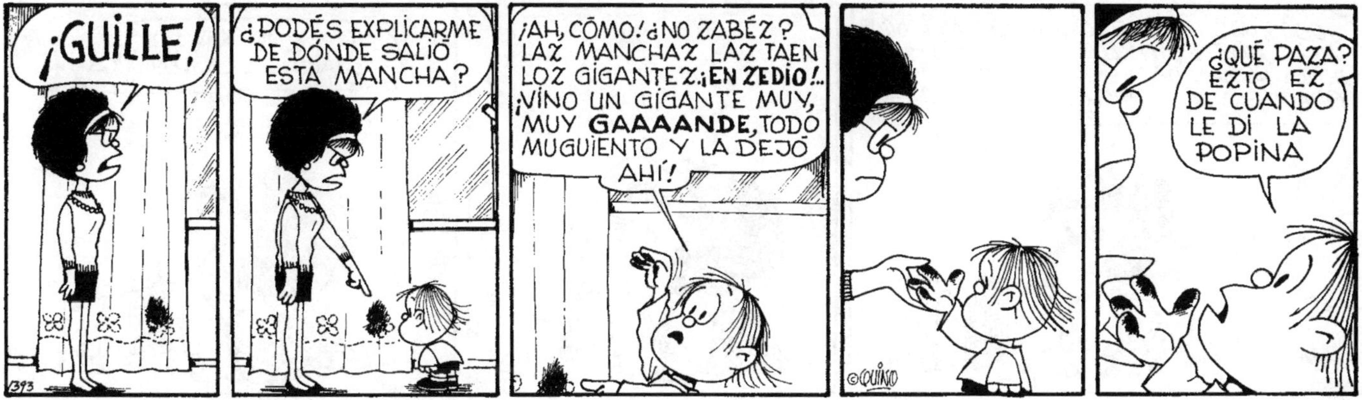

1393
¡GUILLE!
¿PODÉS EXPLICARME DE DÓNDE SALIÓ ESTA MANCHA?
¡AH, CÓMO! ¿NO ZABÉZ? LAZ MANCHAZ LAZ TAEN LOZ GIGANTEZ. ¡EN ZEDIO!... ¡VINO UN GIGANTE MUY, MUY GAAAANDE, TODO MUGUIENTO Y LA DEJÓ AHÍ!
©QUINO
¿QUÉ PAZA? EZTO EZ DE CUANDO LE DÍ LA POPINA

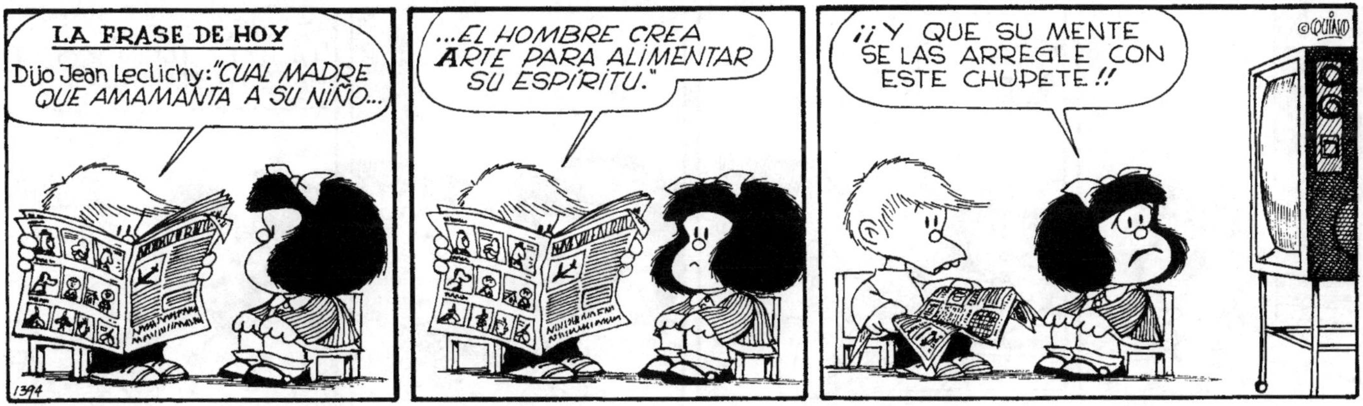

LA FRASE DE HOY
Dijo Jean Leclichy: "CUAL MADRE QUE AMAMANTA A SU NIÑO...
...EL HOMBRE CREA ARTE PARA ALIMENTAR SU ESPÍRITU."
¡¡Y QUE SU MENTE SE LAS ARREGLE CON ESTE CHUPETE!!
©QUINO
1394

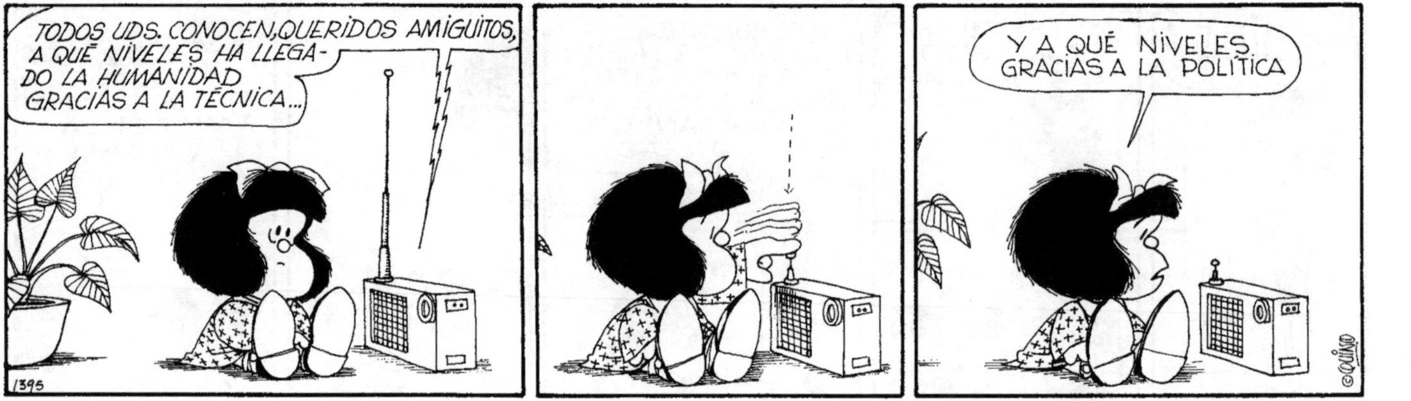

TODOS UDS. CONOCEN, QUERIDOS AMIGUITOS, A QUÉ NIVELES HA LLEGADO LA HUMANIDAD GRACIAS A LA TÉCNICA...
Y A QUÉ NIVELES GRACIAS A LA POLÍTICA
1395
©QUINO

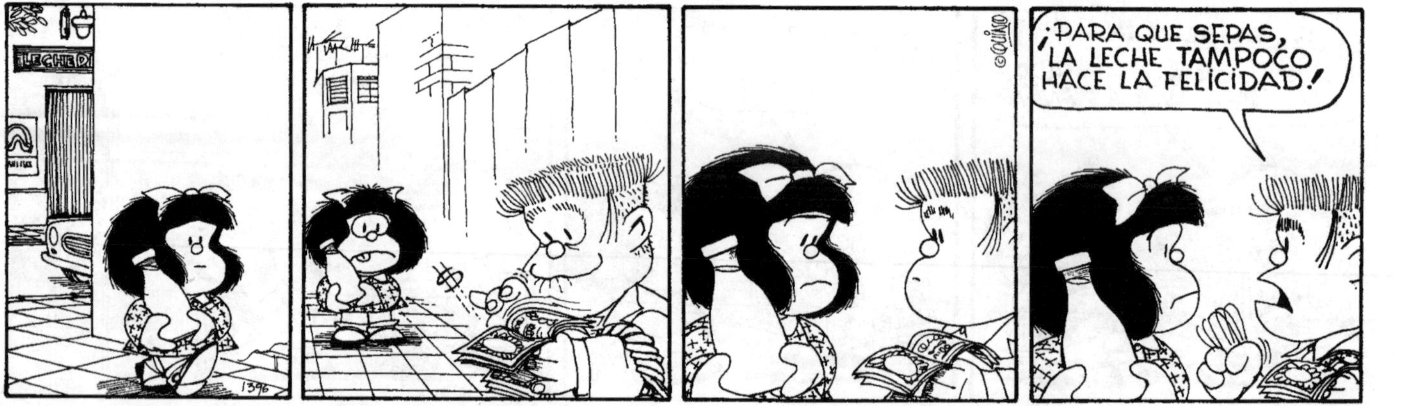

1396
©QUINO
¡PARA QUE SEPAS, LA LECHE TAMPOCO HACE LA FELICIDAD!

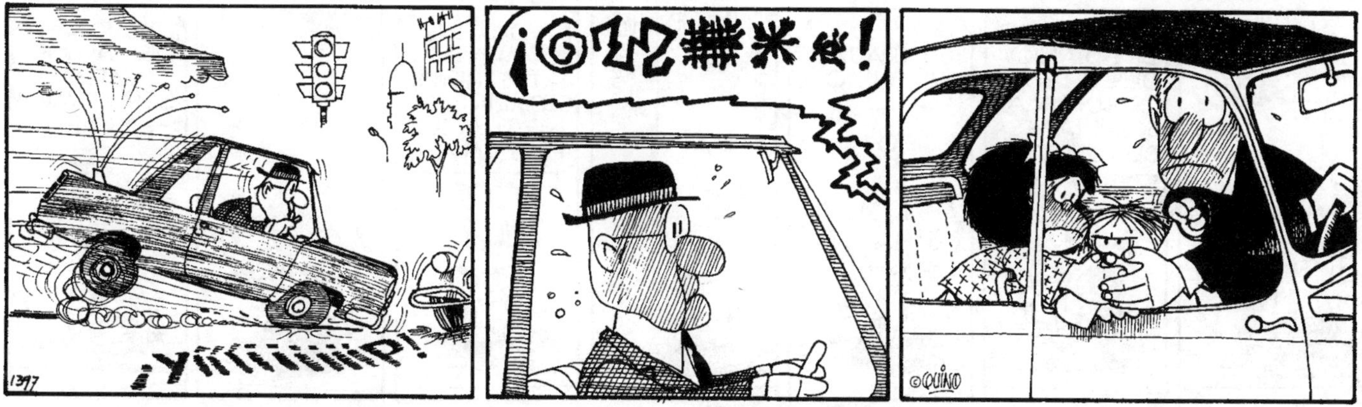
¡YIIIIIIIIIP!
1397
©QUINO

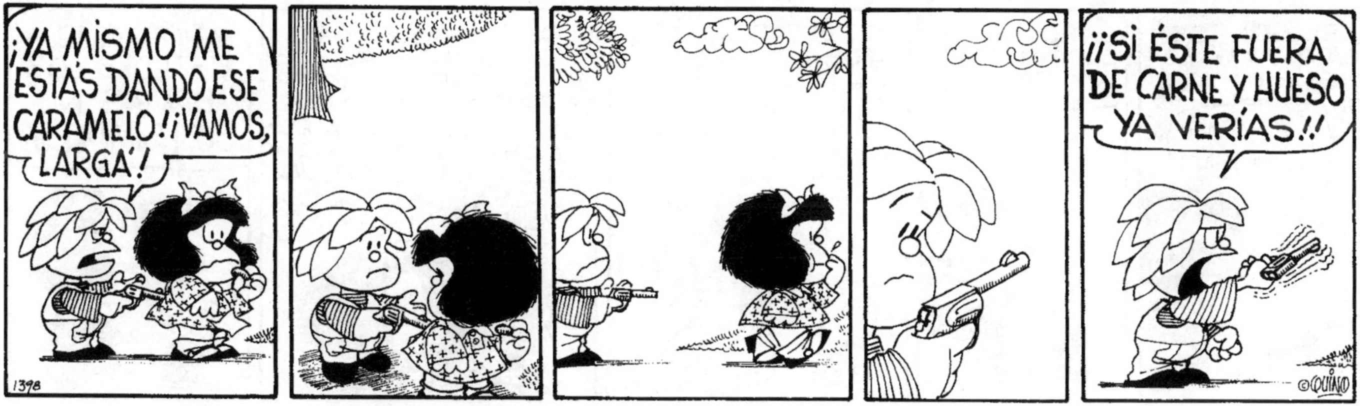
¡YA MISMO ME ESTÁS DANDO ESE CARAMELO! ¡VAMOS, LARGÁ!
1398
¡¡SI ÉSTE FUERA DE CARNE Y HUESO YA VERÍAS!!
©QUINO

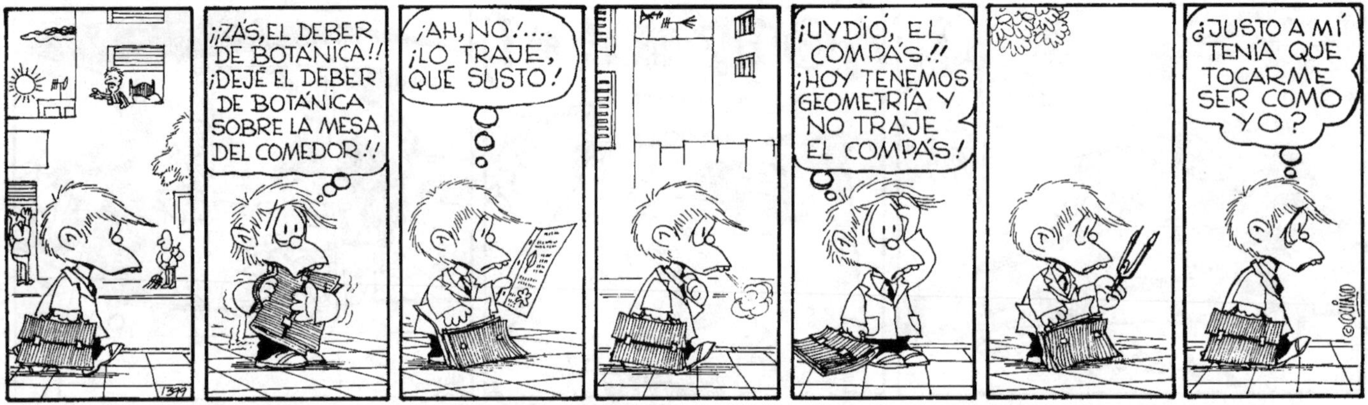
1399
¡¡ZÁS, EL DEBER DE BOTÁNICA!! ¡DEJÉ EL DEBER DE BOTÁNICA SOBRE LA MESA DEL COMEDOR!!
¡AH, NO!.... ¡LO TRAJE, QUÉ SUSTO!
¡UYDIÓ, EL COMPÁS!! ¡HOY TENEMOS GEOMETRÍA Y NO TRAJE EL COMPÁS!
¿JUSTO A MÍ TENÍA QUE TOCARME SER COMO YO?
©QUINO

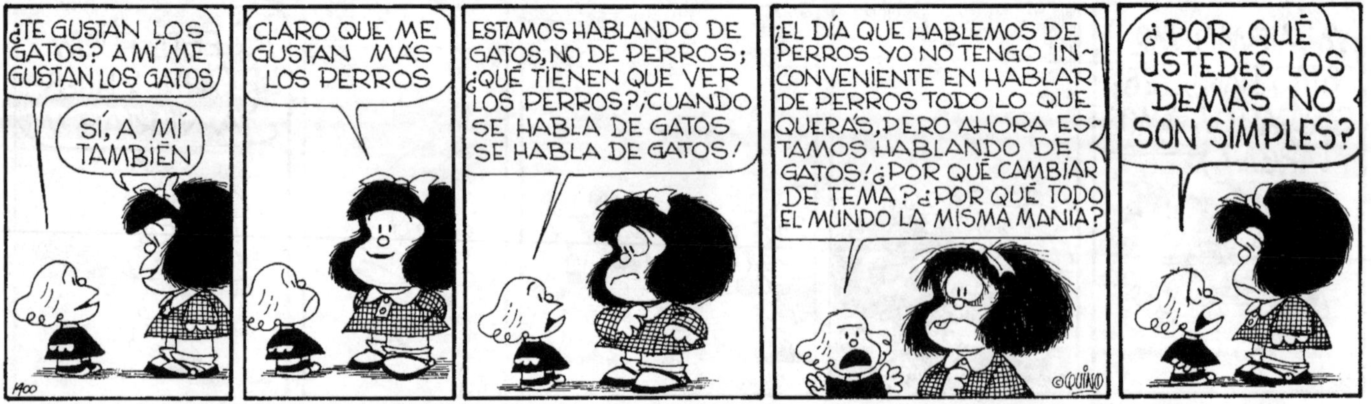
¿TE GUSTAN LOS GATOS? A MÍ ME GUSTAN LOS GATOS
SÍ, A MÍ TAMBIÉN
1400
CLARO QUE ME GUSTAN MÁS LOS PERROS
ESTAMOS HABLANDO DE GATOS, NO DE PERROS; ¿QUÉ TIENEN QUE VER LOS PERROS? ¡CUANDO SE HABLA DE GATOS SE HABLA DE GATOS!
¡EL DÍA QUE HABLEMOS DE PERROS YO NO TENGO INCONVENIENTE EN HABLAR DE PERROS TODO LO QUE QUERÁS, PERO AHORA ESTAMOS HABLANDO DE GATOS! ¿POR QUÉ CAMBIAR DE TEMA? ¿POR QUÉ TODO EL MUNDO LA MISMA MANÍA?
©QUINO
¿POR QUÉ USTEDES LOS DEMÁS NO SON SIMPLES?

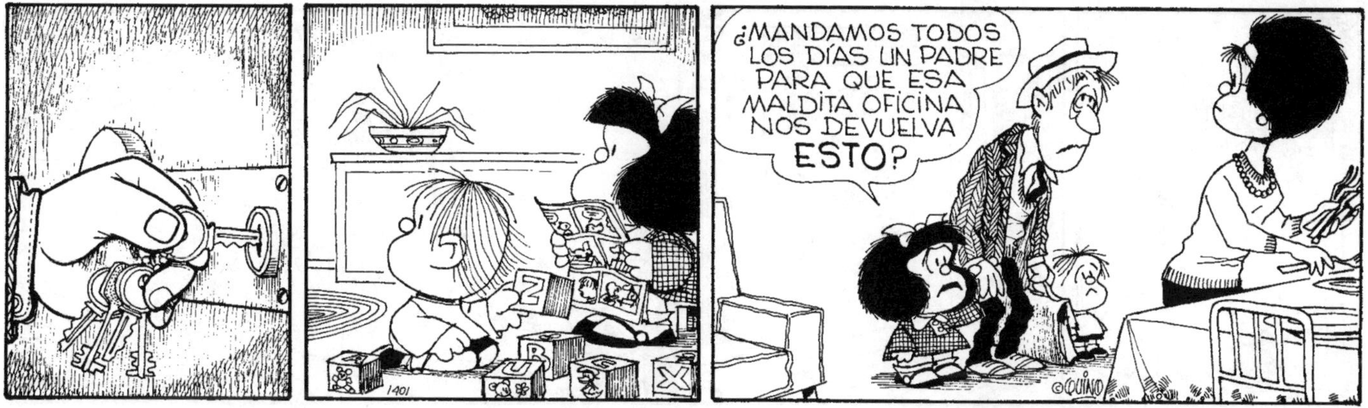
¿MANDAMOS TODOS LOS DÍAS UN PADRE PARA QUE ESA MALDITA OFICINA NOS DEVUELVA ESTO?
©QUINO

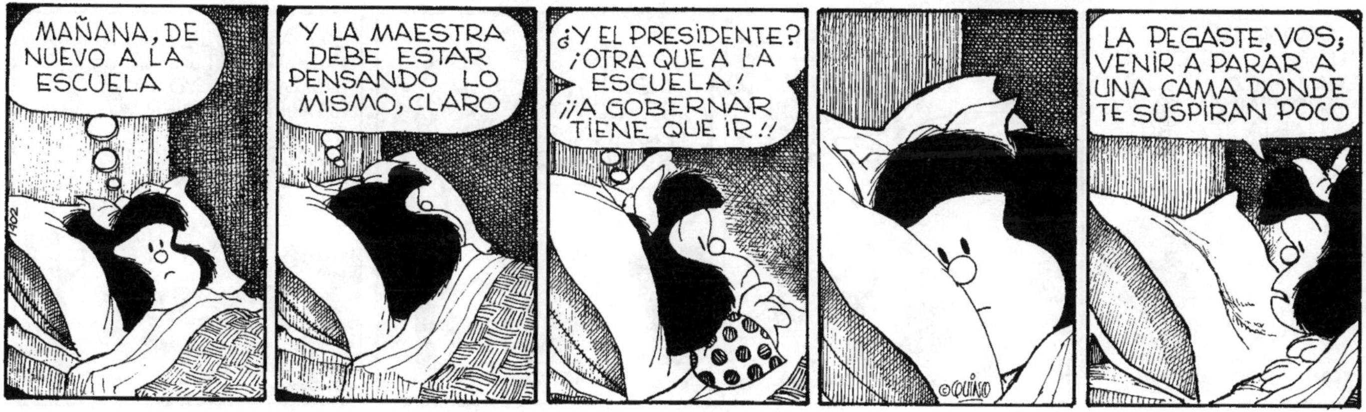
MAÑANA, DE NUEVO A LA ESCUELA
Y LA MAESTRA DEBE ESTAR PENSANDO LO MISMO, CLARO
¿Y EL PRESIDENTE? ¡OTRA QUE A LA ESCUELA! ¡¡A GOBERNAR TIENE QUE IR!!
©QUINO
LA PEGASTE, VOS; VENIR A PARAR A UNA CAMA DONDE TE SUSPIRAN POCO

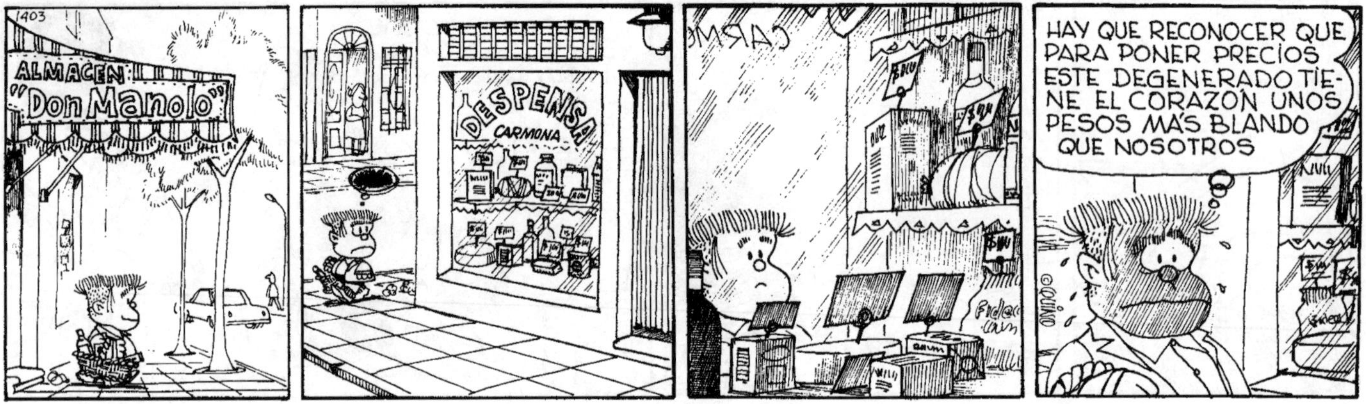
1403
ALMACEN "Don Manolo"
DESPENSA
CARMONA
HAY QUE RECONOCER QUE PARA PONER PRECIOS ESTE DEGENERADO TIENE EL CORAZÓN UNOS PESOS MÁS BLANDO QUE NOSOTROS

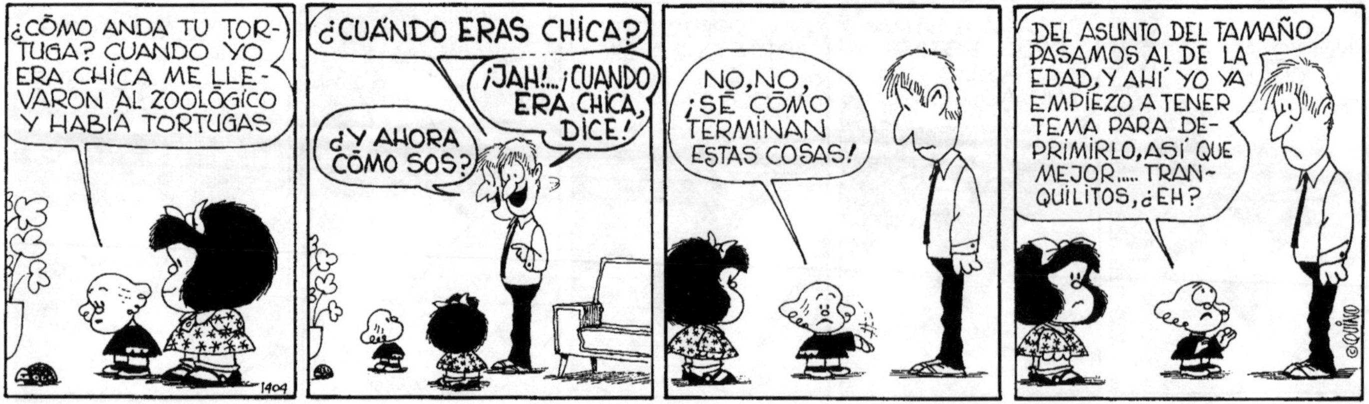
¿CÓMO ANDA TU TORTUGA? CUANDO YO ERA CHICA ME LLEVARON AL ZOOLÓGICO Y HABÍA TORTUGAS
1404
¿CUÁNDO ERAS CHICA?
¡JAH!... ¡CUANDO ERA CHICA, DICE!
¿Y AHORA CÓMO SOS?
NO, NO, ¡SÉ CÓMO TERMINAN ESTAS COSAS!
DEL ASUNTO DEL TAMAÑO PASAMOS AL DE LA EDAD, Y AHÍ YO YA EMPIEZO A TENER TEMA PARA DEPRIMIRLO, ASÍ QUE MEJOR..... TRANQUILITOS, ¿EH?

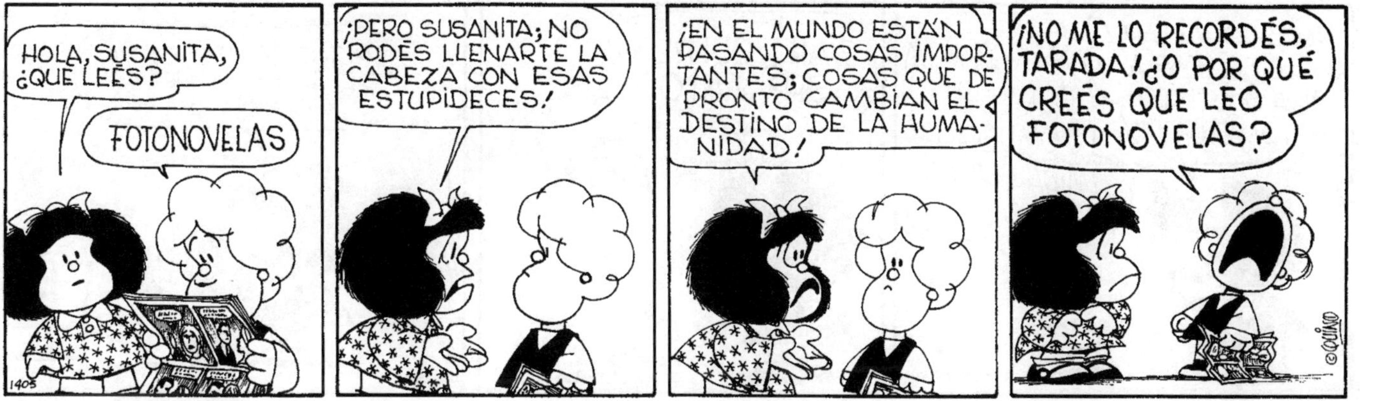
HOLA, SUSANITA, ¿QUÉ LEÉS?
FOTONOVELAS
¡PERO SUSANITA; NO PODÉS LLENARTE LA CABEZA CON ESAS ESTUPIDECES!
¡EN EL MUNDO ESTÁN PASANDO COSAS IMPORTANTES; COSAS QUE DE PRONTO CAMBIAN EL DESTINO DE LA HUMANIDAD!
¡NO ME LO RECORDÉS, TARADA! ¿O POR QUÉ CREÉS QUE LEO FOTONOVELAS?
1405
©QUINO

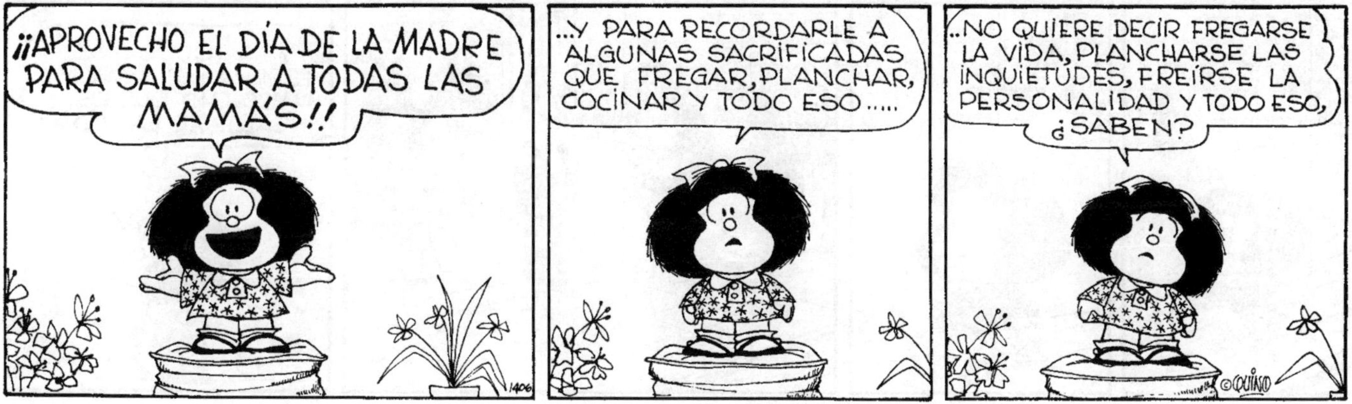
¡¡APROVECHO EL DÍA DE LA MADRE PARA SALUDAR A TODAS LAS MAMÁS!!
...Y PARA RECORDARLE A ALGUNAS SACRIFICADAS QUE FREGAR, PLANCHAR, COCINAR Y TODO ESO.....
..NO QUIERE DECIR FREGARSE LA VIDA, PLANCHARSE LAS INQUIETUDES, FREÍRSE LA PERSONALIDAD Y TODO ESO, ¿SABEN?
1406
©QUINO

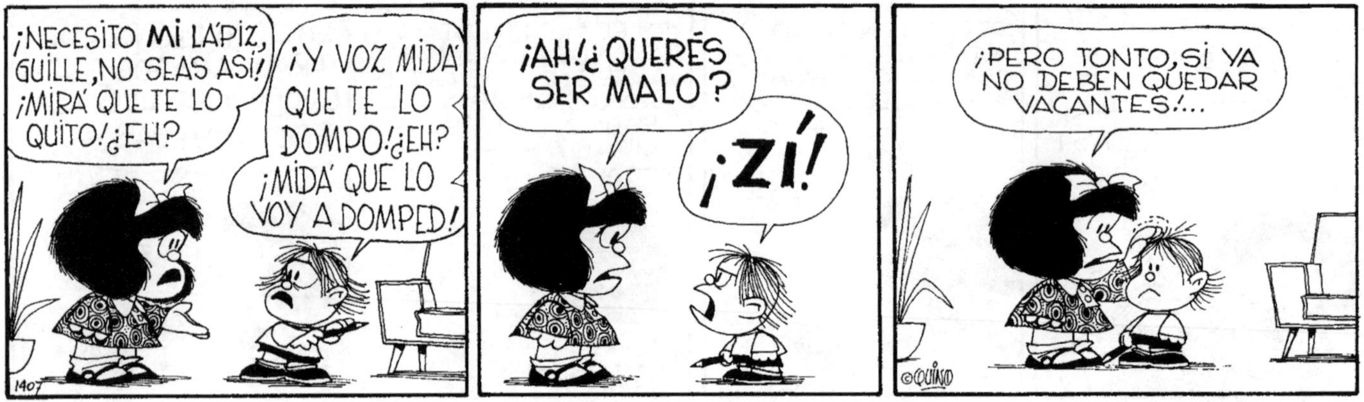
¡NECESITO MI LÁPIZ, GUILLE, NO SEAS ASÍ! ¡MIRÁ QUE TE LO QUITO! ¿EH?
¡Y VOZ MIDÁ QUE TE LO DOMPO! ¿EH? ¡MIDÁ QUE LO VOY A DOMPED!
¡AH! ¿QUERÉS SER MALO?
¡ZÍ!
¡PERO TONTO, SI YA NO DEBEN QUEDAR VACANTES!...
1407
©QUINO

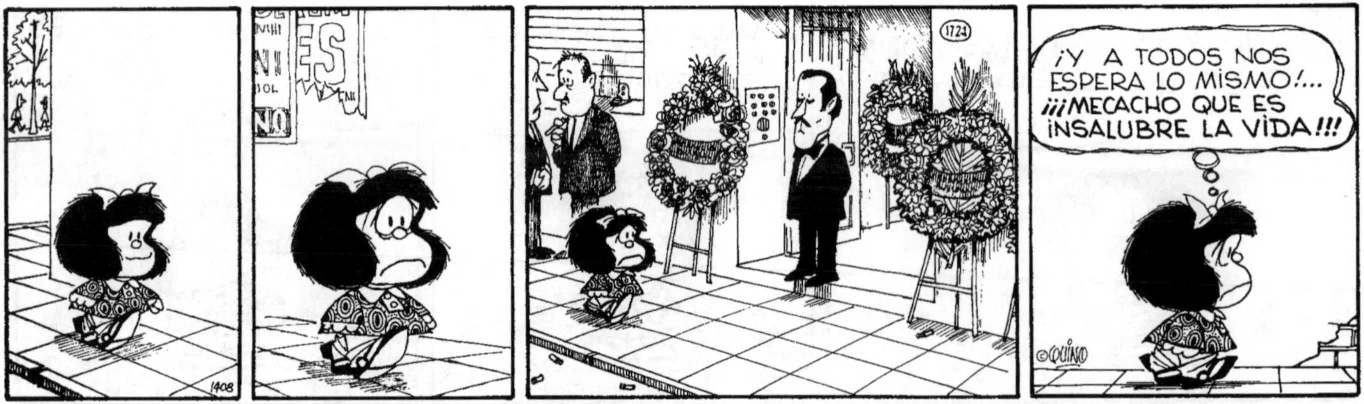
1408
1721
¡Y A TODOS NOS ESPERA LO MISMO!... ¡¡¡MECACHO QUE ES INSALUBRE LA VIDA!!!
©QUINO

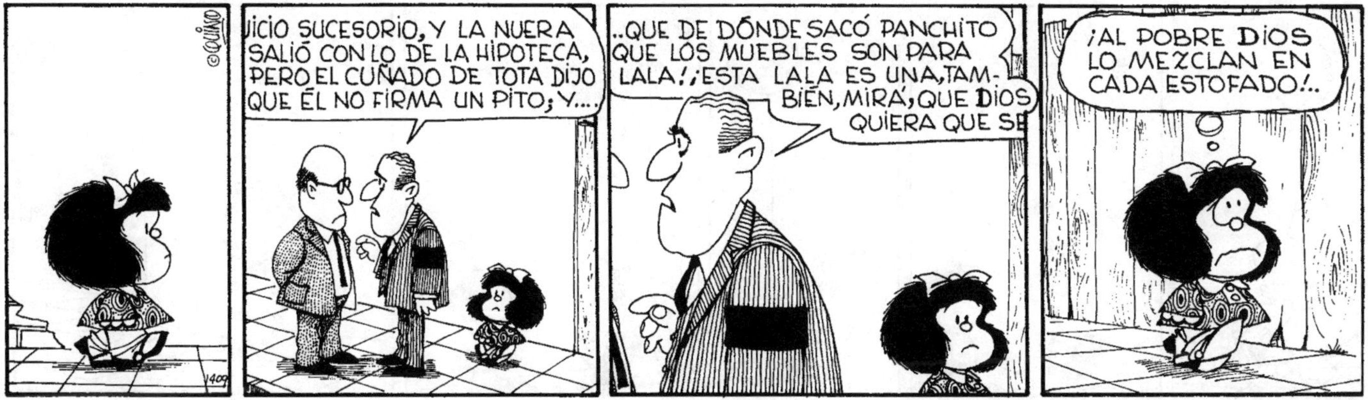
©QUINO
ICIO SUCESORIO, Y LA NUERA SALIÓ CON LO DE LA HIPOTECA, PERO EL CUÑADO DE TOTA DIJO QUE ÉL NO FIRMA UN PITO; Y....
1409
..QUE DE DÓNDE SACÓ PANCHITO QUE LOS MUEBLES SON PARA LALA! ¡ESTA LALA ES UNA, TAMBIÉN, MIRÁ, QUE DIOS QUIERA QUE SE
¡AL POBRE DIOS LO MEZCLAN EN CADA ESTOFADO!..

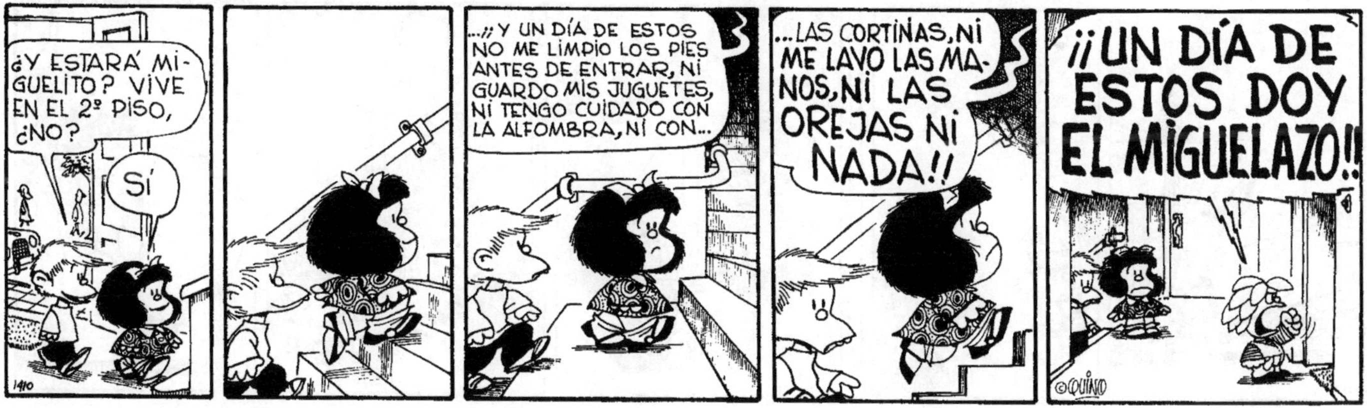
¿Y ESTARÁ MIGUELITO? VIVE EN EL 2º PISO, ¿NO?
SÍ
1410
...¡¡Y UN DÍA DE ESTOS NO ME LIMPIO LOS PIES ANTES DE ENTRAR, NI GUARDO MIS JUGUETES, NI TENGO CUIDADO CON LA ALFOMBRA, NI CON...
...LAS CORTINAS, NI ME LAVO LAS MANOS, NI LAS OREJAS NI NADA!!
¡¡UN DÍA DE ESTOS DOY EL MIGUELAZO!!
©QUINO

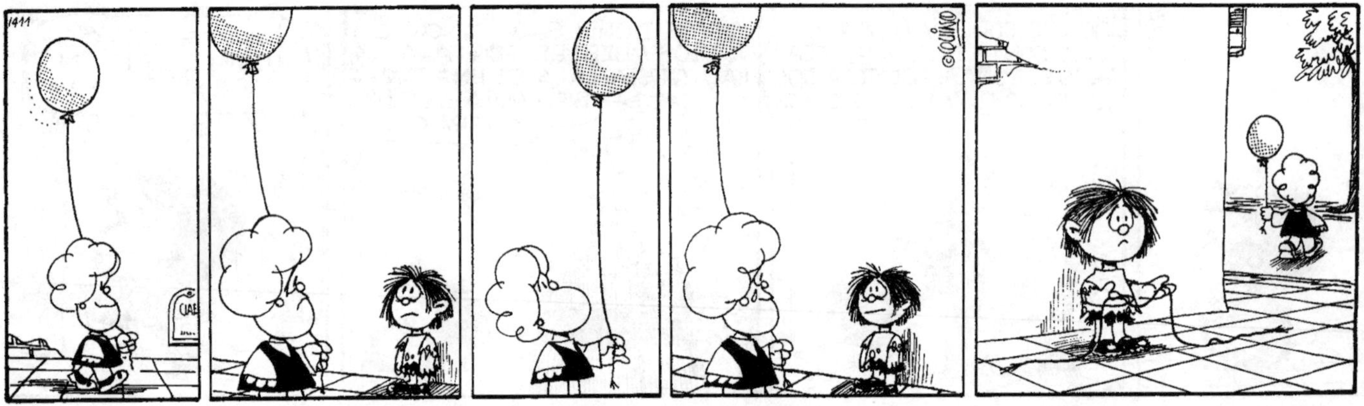
1411
©QUINO

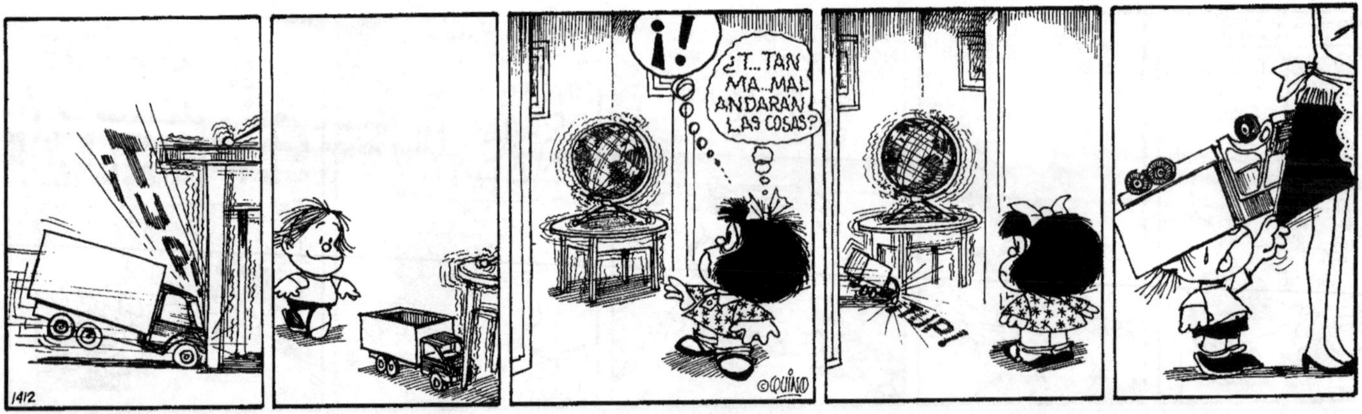
1412
¡TUP!
¡!
¿T...TAN MA...MAL ANDARÁN LAS COSAS?
©QUINO
TUP!

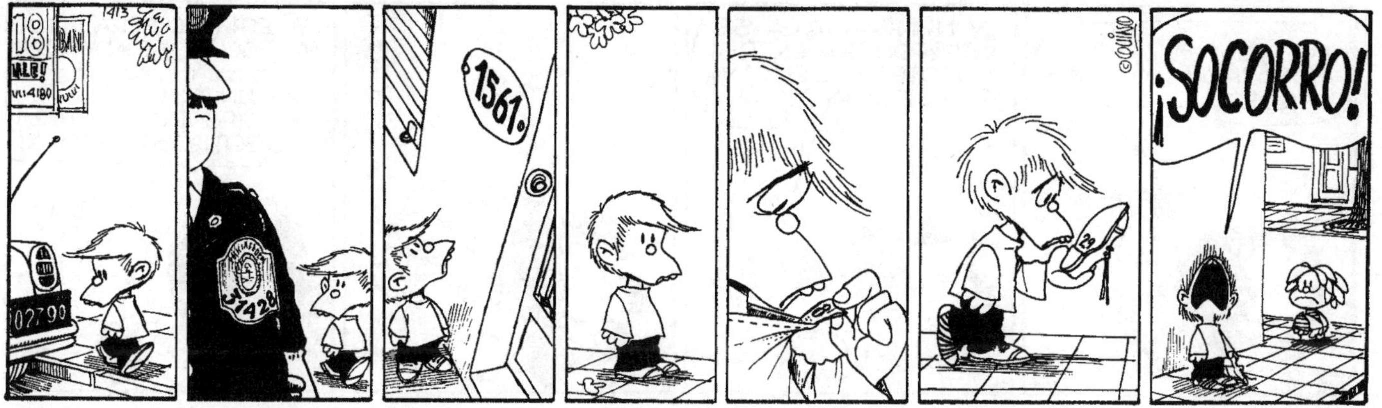
1413
1561
31428
©QUINO
¡SOCORRO!

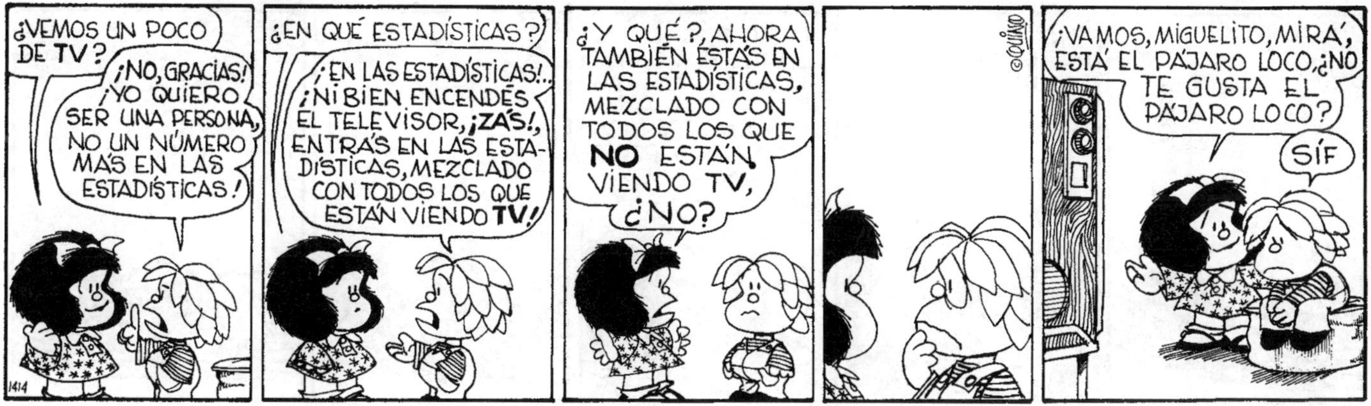
¿VEMOS UN POCO DE TV?
¡NO, GRACIAS! ¡YO QUIERO SER UNA PERSONA, NO UN NÚMERO MÁS EN LAS ESTADÍSTICAS!
1414
¿EN QUÉ ESTADÍSTICAS?
¡EN LAS ESTADÍSTICAS!... ¡NI BIEN ENCENDÉS EL TELEVISOR, ¡ZÁS!, ENTRÁS EN LAS ESTADÍSTICAS, MEZCLADO CON TODOS LOS QUE ESTÁN VIENDO TV!
¿Y QUÉ?, AHORA TAMBIÉN ESTÁS EN LAS ESTADÍSTICAS, MEZCLADO CON TODOS LOS QUE NO ESTÁN VIENDO TV, ¿NO?
©QUINO
¡VAMOS, MIGUELITO, MIRÁ, ESTÁ EL PÁJARO LOCO, ¿NO TE GUSTA EL PÁJARO LOCO?
SÍF

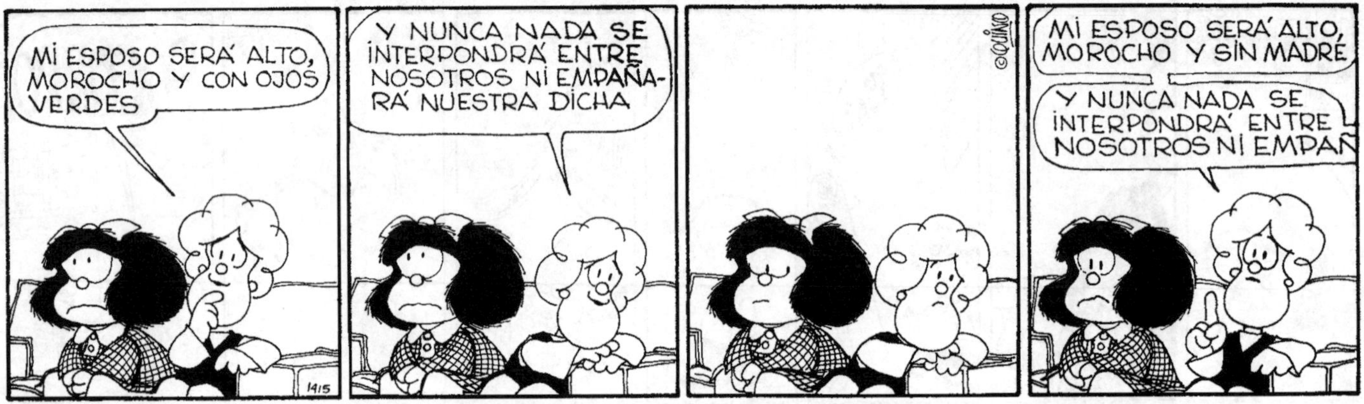
MI ESPOSO SERÁ ALTO, MOROCHO Y CON OJOS VERDES
1415
Y NUNCA NADA SE INTERPONDRÁ ENTRE NOSOTROS NI EMPAÑARÁ NUESTRA DICHA
©QUINO
MI ESPOSO SERÁ ALTO, MOROCHO Y SIN MADRE
Y NUNCA NADA SE INTERPONDRÁ ENTRE NOSOTROS NI EMPAÑ

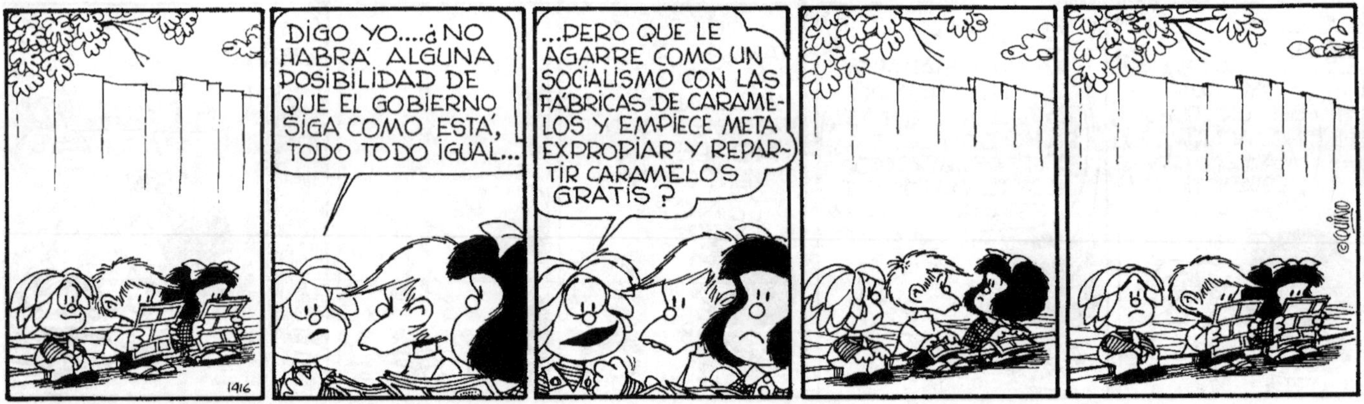
1416
DIGO YO....¿NO HABRÁ ALGUNA POSIBILIDAD DE QUE EL GOBIERNO SIGA COMO ESTÁ, TODO TODO IGUAL...
...PERO QUE LE AGARRE COMO UN SOCIALISMO CON LAS FÁBRICAS DE CARAMELOS Y EMPIECE META EXPROPIAR Y REPARTIR CARAMELOS GRATIS?
©QUINO

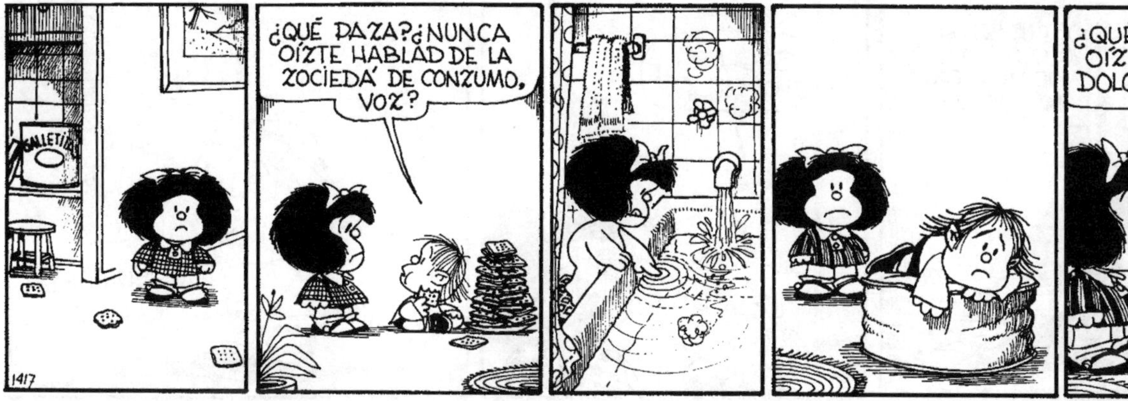
1417
¿QUÉ PAZA? ¿NUNCA OÍZTE HABLAD DE LA ZOCIEDÁ DE CONZUMO, VOZ?
¿QUÉ PAZA? ¿NUNCA OÍZTE HABLAD DEL DOLOD DE PANCITA, VOZ?
© QUINO

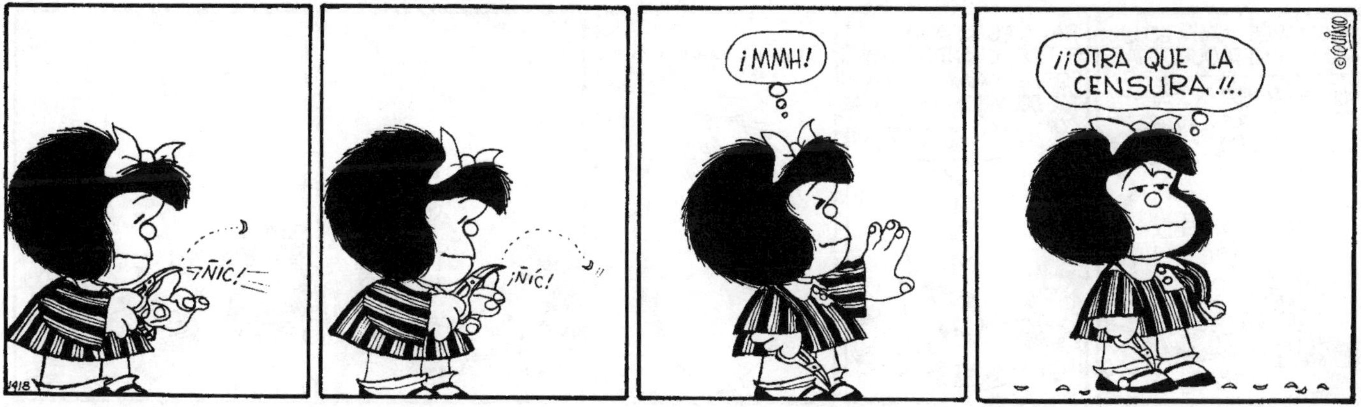
1418
¡ÑIC!
¡ÑIC!
¡MMH!
¡¡OTRA QUE LA CENSURA!!..
© QUINO

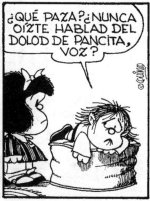

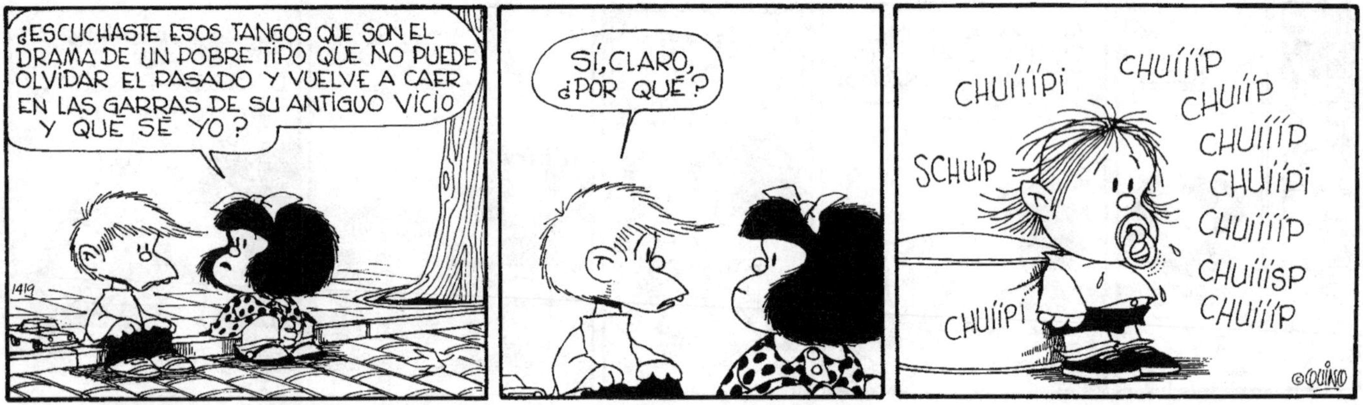
¿ESCUCHASTE ESOS TANGOS QUE SON EL DRAMA DE UN POBRE TIPO QUE NO PUEDE OLVIDAR EL PASADO Y VUELVE A CAER EN LAS GARRAS DE SU ANTIGUO VICIO Y QUÉ SÉ YO?
1419
SÍ, CLARO, ¿POR QUÉ?
CHUÍÍÍPI
CHUÍÍÍP
CHUÍÍP
CHUÍÍÍP
SCHUÍP
CHUÍÍPI
CHUÍÍÍÍP
CHUÍÍÍSP
CHUÍÍPI
CHUÍÍÍP
©QUINO

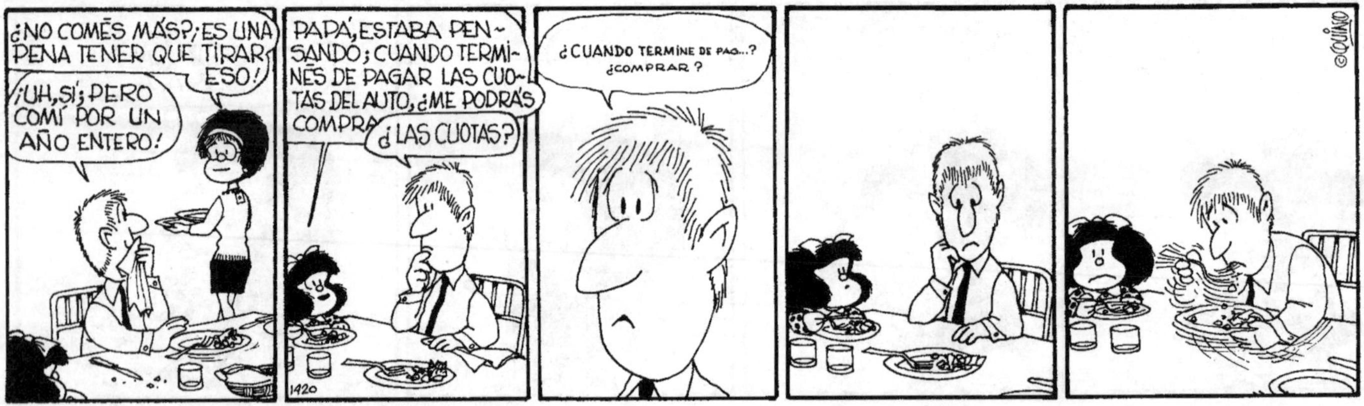
¿NO COMÉS MÁS? ¡ES UNA PENA TENER QUE TIRAR ESO!
¡UH, SÍ; PERO COMÍ POR UN AÑO ENTERO!
PAPÁ, ESTABA PENSANDO; CUANDO TERMINÉS DE PAGAR LAS CUOTAS DEL AUTO, ¿ME PODRÁS COMPRA
¿LAS CUOTAS?
1420
¿CUANDO TERMINE DE PAG...? ¿COMPRAR?
©QUINO

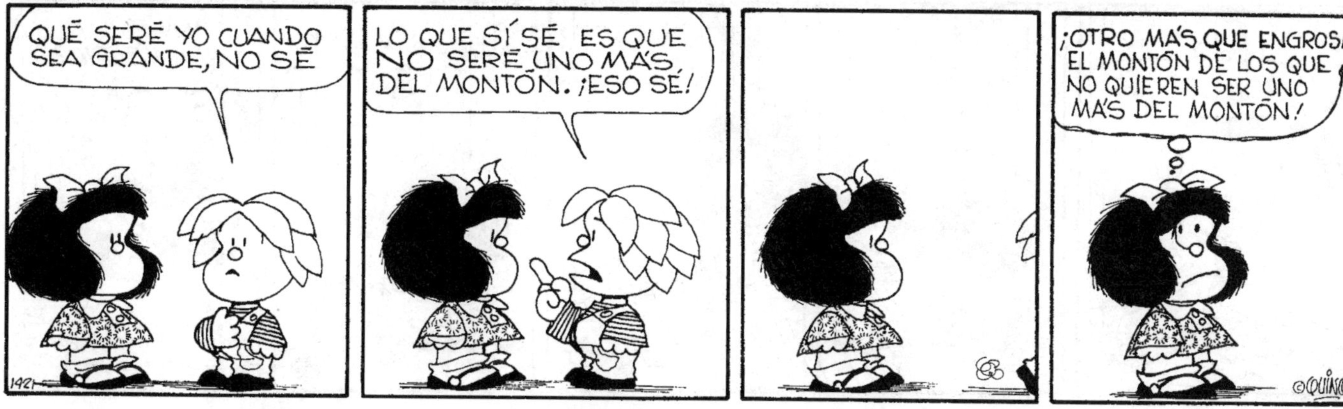
QUÉ SERÉ YO CUANDO SEA GRANDE, NO SÉ
LO QUE SÍ SÉ ES QUE NO SERÉ UNO MÁS DEL MONTÓN. ¡ESO SÉ!
¡OTRO MÁS QUE ENGROSA EL MONTÓN DE LOS QUE NO QUIEREN SER UNO MÁS DEL MONTÓN!
©QUINO

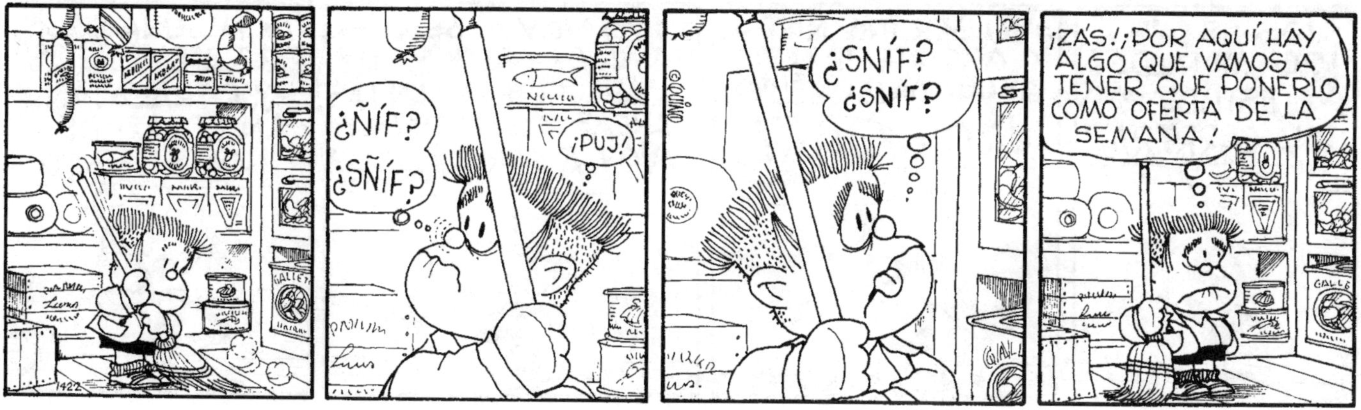
¿ÑÍF? ¿SÑÍF?
¡PUJ!
¿SNÍF? ¿SNÍF?
©QUINO
¡ZÁS! ¡POR AQUÍ HAY ALGO QUE VAMOS A TENER QUE PONERLO COMO OFERTA DE LA SEMANA!

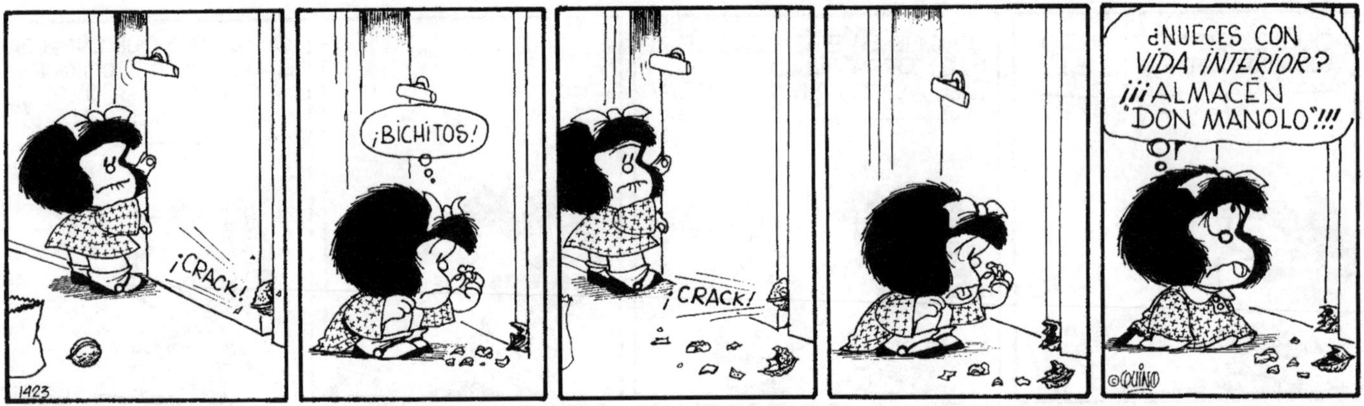
¡CRACK!
1423
¡BICHITOS!
¡CRACK!
¿NUECES CON VIDA INTERIOR? ¡¡¡ALMACÉN "DON MANOLO"!!!
©QUINO

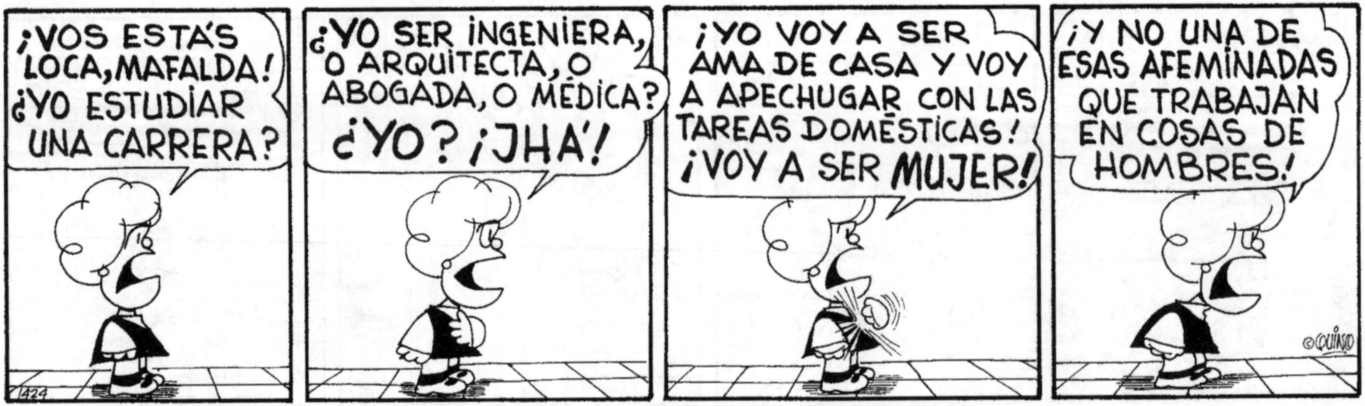
¡VOS ESTÁS LOCA, MAFALDA! ¿YO ESTUDIAR UNA CARRERA?
1424
¿YO SER INGENIERA, O ARQUITECTA, O ABOGADA, O MÉDICA? ¿YO? ¡JHÁ!
¡YO VOY A SER AMA DE CASA Y VOY A APECHUGAR CON LAS TAREAS DOMÉSTICAS! ¡VOY A SER MUJER!
¡Y NO UNA DE ESAS AFEMINADAS QUE TRABAJAN EN COSAS DE HOMBRES!
©QUINO

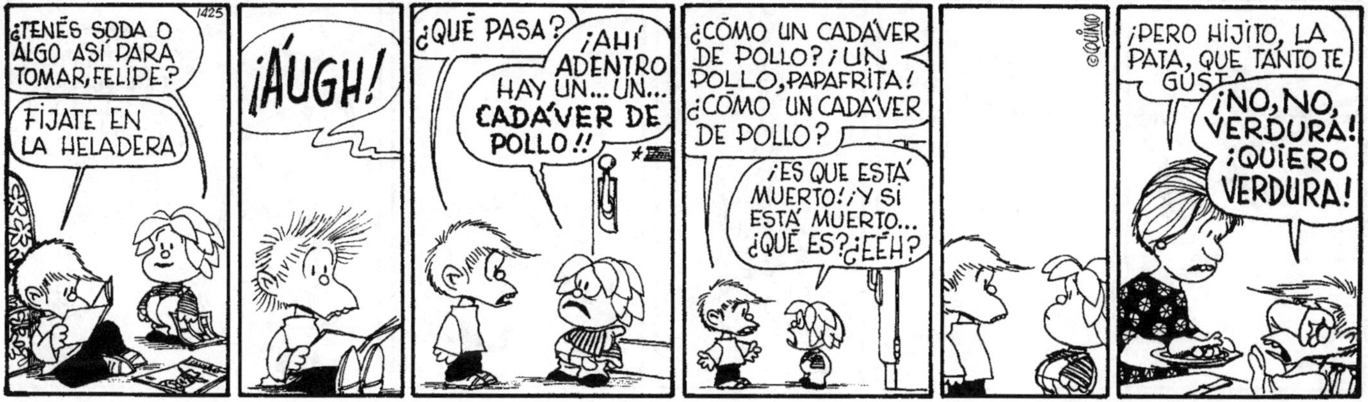
1425
¿TENÉS SODA O ALGO ASÍ PARA TOMAR, FELIPE?
FIJATE EN LA HELADERA
¡ÁUGH!
¿QUÉ PASA?
¡AHÍ ADENTRO HAY UN... UN... CADÁVER DE POLLO!!
¿CÓMO UN CADÁVER DE POLLO? ¡UN POLLO, PAPAFRITA! ¿CÓMO UN CADÁVER DE POLLO?
¡ES QUE ESTÁ MUERTO! ¡Y SI ESTÁ MUERTO... ¿QUÉ ES? ¿EÉH?
©QUINO
¡PERO HIJITO, LA PATA, QUE TANTO TE GUSTA
¡NO, NO, VERDURA! ¡QUIERO VERDURA!

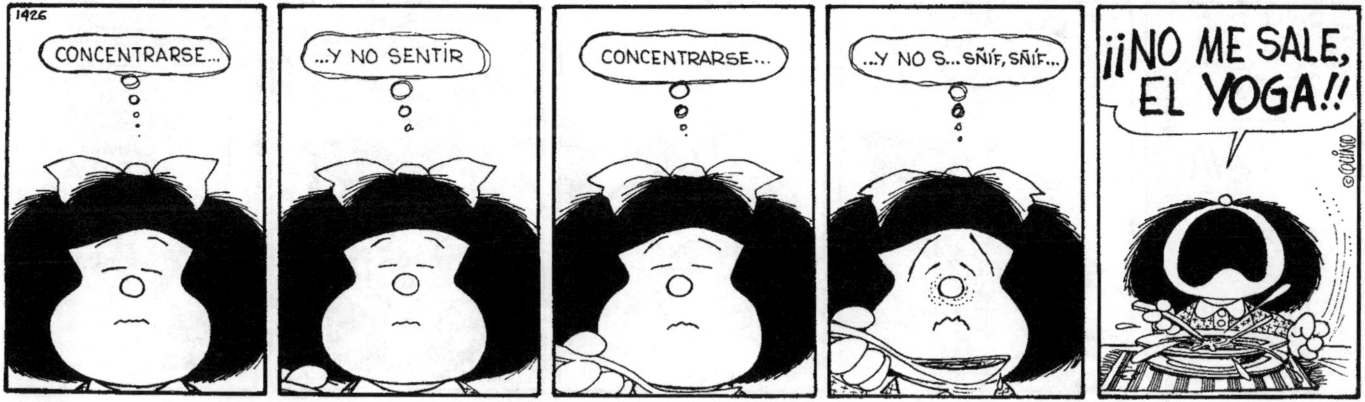
1426
CONCENTRARSE...
...Y NO SENTIR
CONCENTRARSE...
...Y NO S... SÑÍF, SÑÍF...
¡¡NO ME SALE, EL YOGA!!
©QUINO

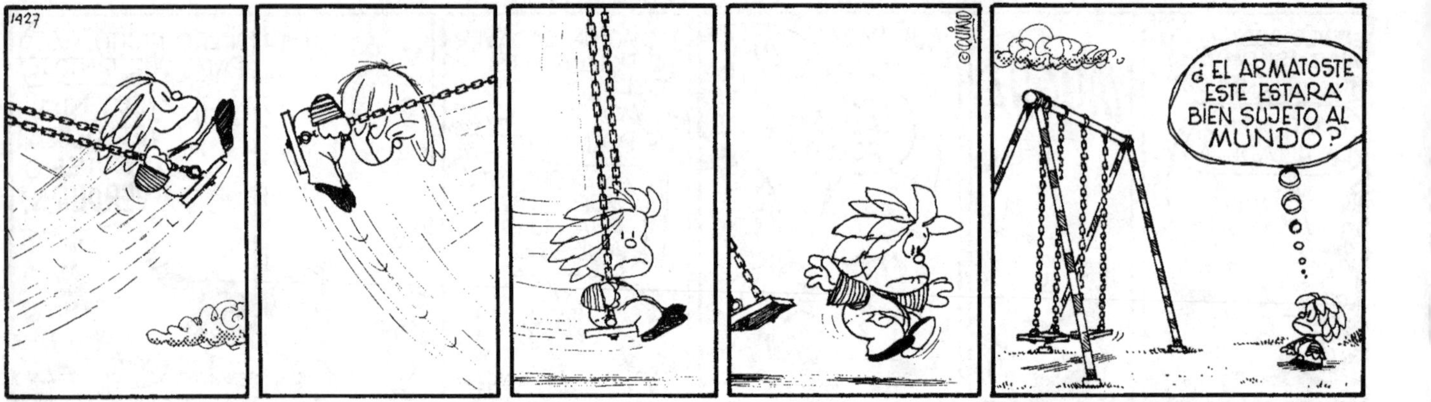
1427
©QUINO
¿EL ARMATOSTE ESTE ESTARÁ BIEN SUJETO AL MUNDO?

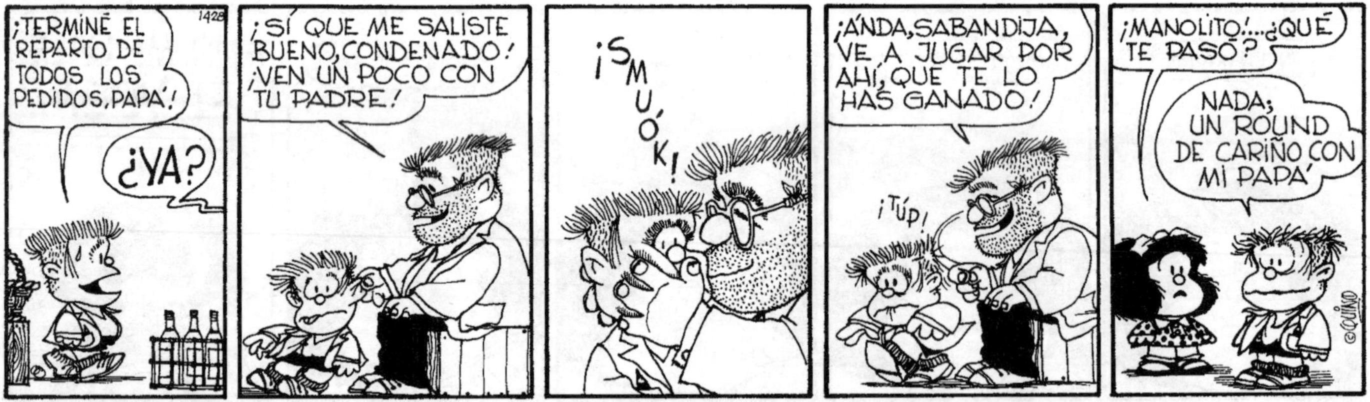
1428
¡TERMINÉ EL REPARTO DE TODOS LOS PEDIDOS, PAPÁ!
¿YA?
¡SÍ QUE ME SALISTE BUENO, CONDENADO! ¡VEN UN POCO CON TU PADRE!
¡SMUÓK!
¡ANDA, SABANDIJA, VE A JUGAR POR AHÍ, QUE TE LO HAS GANADO!
¡TÚP!
¡MANOLITO!...¿QUÉ TE PASÓ?
NADA; UN ROUND DE CARIÑO CON MI PAPÁ
©QUINO

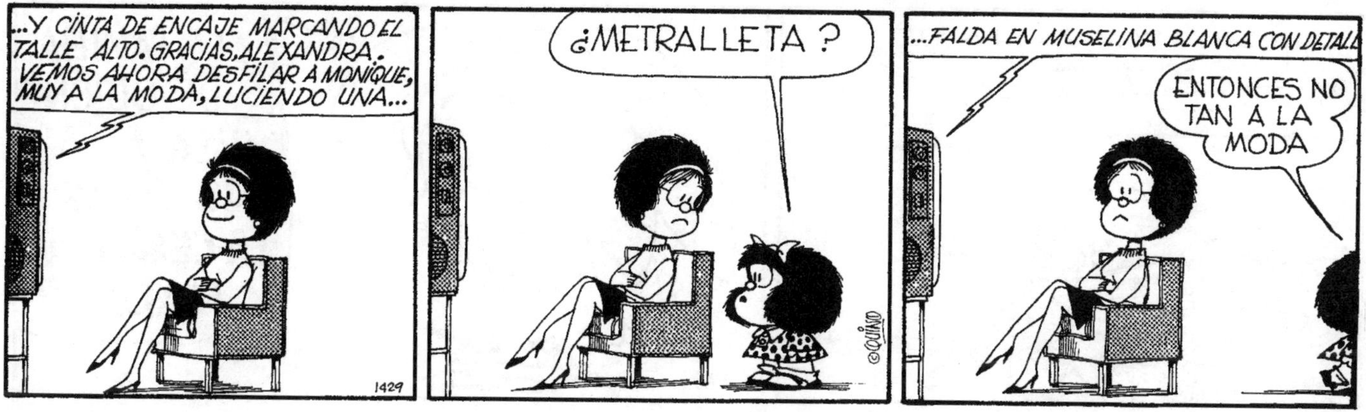
...Y CINTA DE ENCAJE MARCANDO EL TALLE ALTO. GRACIAS, ALEXANDRA. VEMOS AHORA DESFILAR A MONIQUE, MUY A LA MODA, LUCIENDO UNA...
1429
¿METRALLETA?
©QUINO
...FALDA EN MUSELINA BLANCA CON DETAL
ENTONCES NO TAN A LA MODA

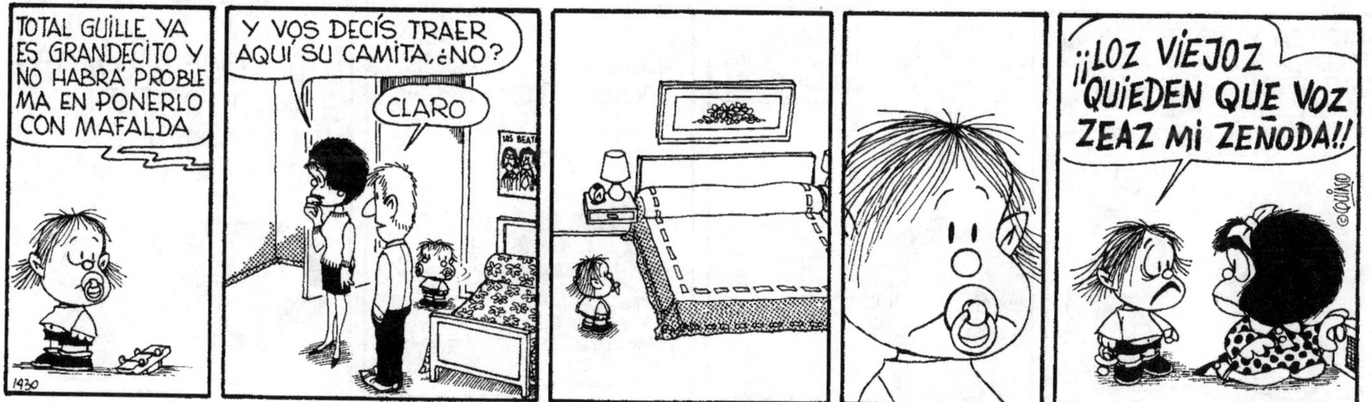
TOTAL GUILLE YA ES GRANDECITO Y NO HABRÁ PROBLEMA EN PONERLO CON MAFALDA
1430
Y VOS DECÍS TRAER AQUÍ SU CAMITA, ¿NO?
CLARO
LOS BEATLES
¡¡LOZ VIEJOZ QUIEDEN QUE VOZ ZEAZ MI ZEÑODA!!
©QUINO

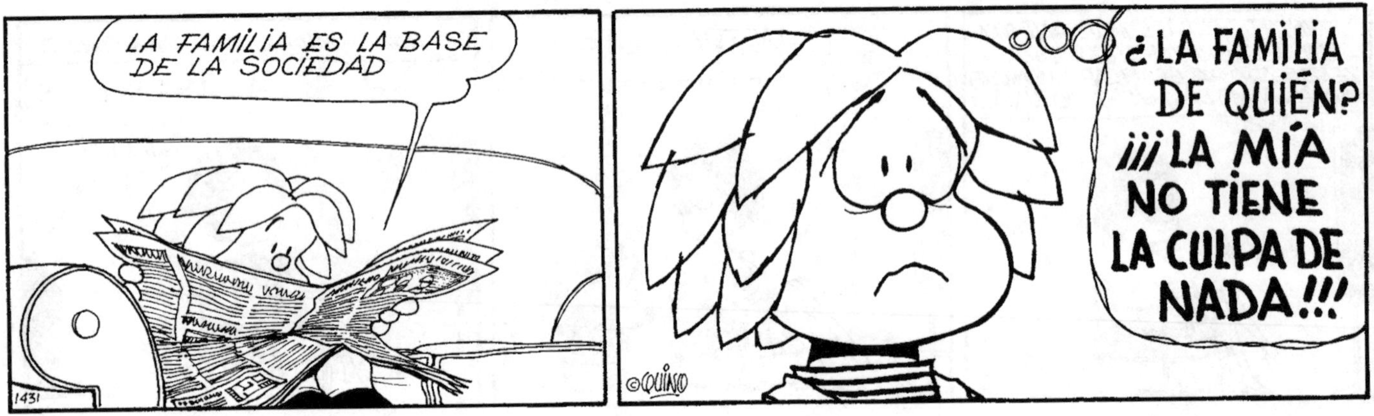

LA FAMILIA ES LA BASE DE LA SOCIEDAD
¿LA FAMILIA DE QUIÉN? ¡¡¡LA MÍA NO TIENE LA CULPA DE NADA!!!
1431
©QUINO

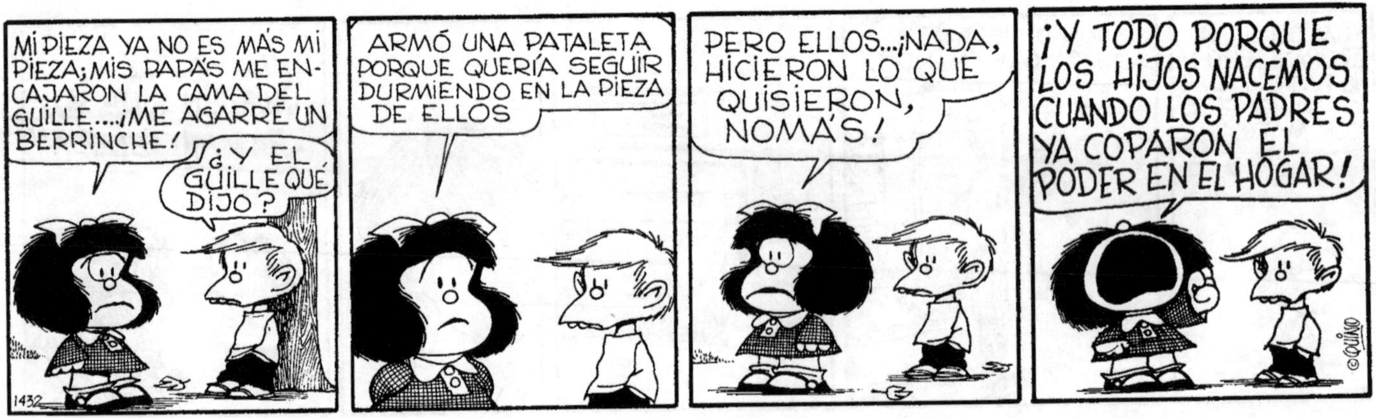

MI PIEZA YA NO ES MÁS MI PIEZA; MIS PAPÁS ME ENCAJARON LA CAMA DEL GUILLE....¡ME AGARRÉ UN BERRINCHE!
¿Y EL GUILLE QUÉ DIJO?
ARMÓ UNA PATALETA PORQUE QUERÍA SEGUIR DURMIENDO EN LA PIEZA DE ELLOS
PERO ELLOS...¡NADA, HICIERON LO QUE QUISIERON, NOMÁS!
¡Y TODO PORQUE LOS HIJOS NACEMOS CUANDO LOS PADRES YA COPARON EL PODER EN EL HOGAR!
1432
©QUINO

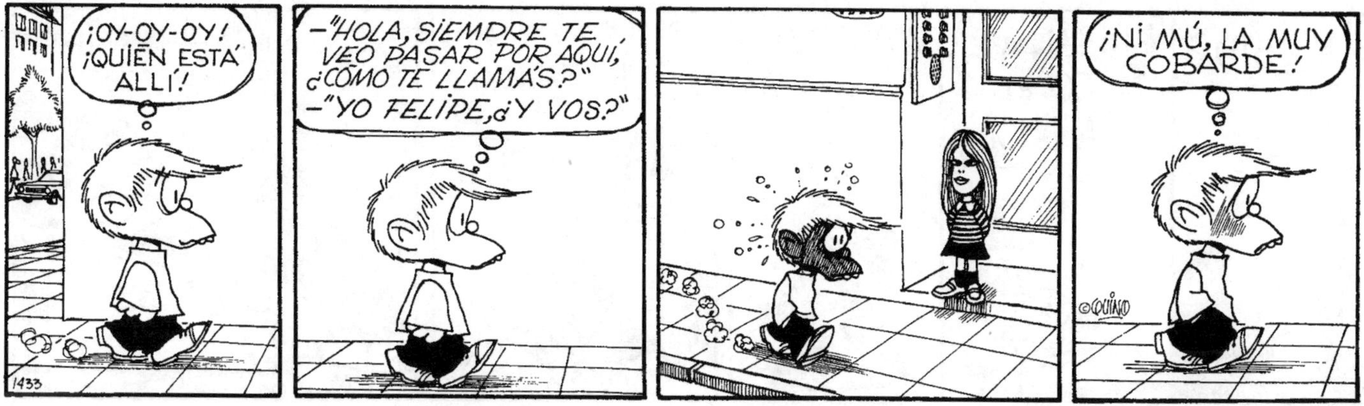
¡OY-OY-OY! ¡QUIÉN ESTÁ ALLÍ!
—"HOLA, SIEMPRE TE VEO PASAR POR AQUÍ, ¿CÓMO TE LLAMÁS?"
—"YO FELIPE, ¿Y VOS?"
¡NI MÚ, LA MUY COBARDE!
©QUINO
1433

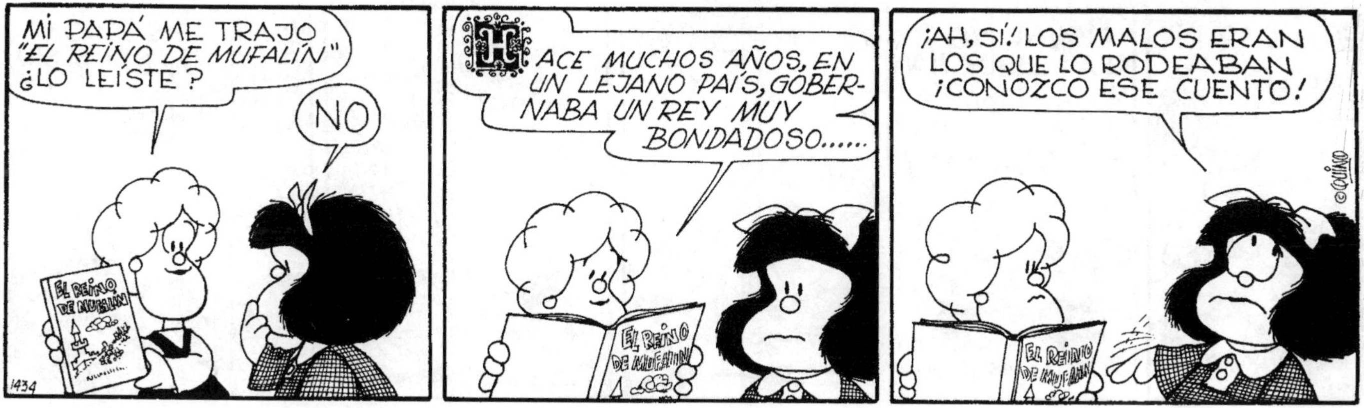
MI PAPÁ ME TRAJO "EL REINO DE MUFALÍN" ¿LO LEÍSTE?
NO
EL REINO DE MUFALÍN
HACE MUCHOS AÑOS, EN UN LEJANO PAÍS, GOBERNABA UN REY MUY BONDADOSO......
EL REINO DE MUFALÍN
¡AH, SÍ! LOS MALOS ERAN LOS QUE LO RODEABAN ¡CONOZCO ESE CUENTO!
EL REINO DE MUFALÍN
©QUINO
1434

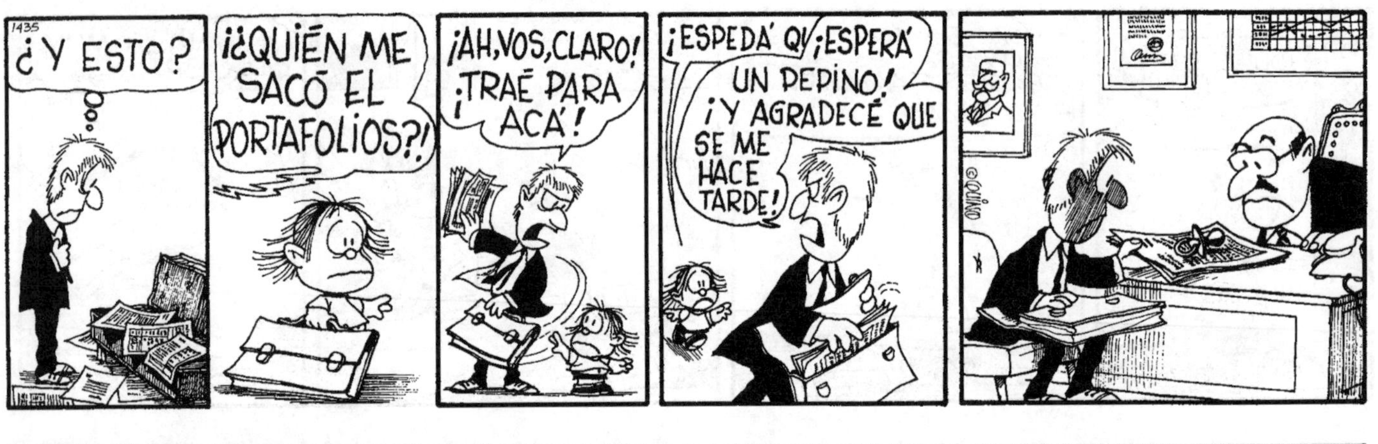
1435
¿Y ESTO?
¡¿QUIÉN ME SACÓ EL PORTAFOLIOS?!
¡AH, VOS, CLARO! ¡TRAÉ PARA ACÁ!
¡ESPEDÁ QU
¡ESPERÁ UN PEPINO! ¡Y AGRADECÉ QUE SE ME HACE TARDE!
© QUINO

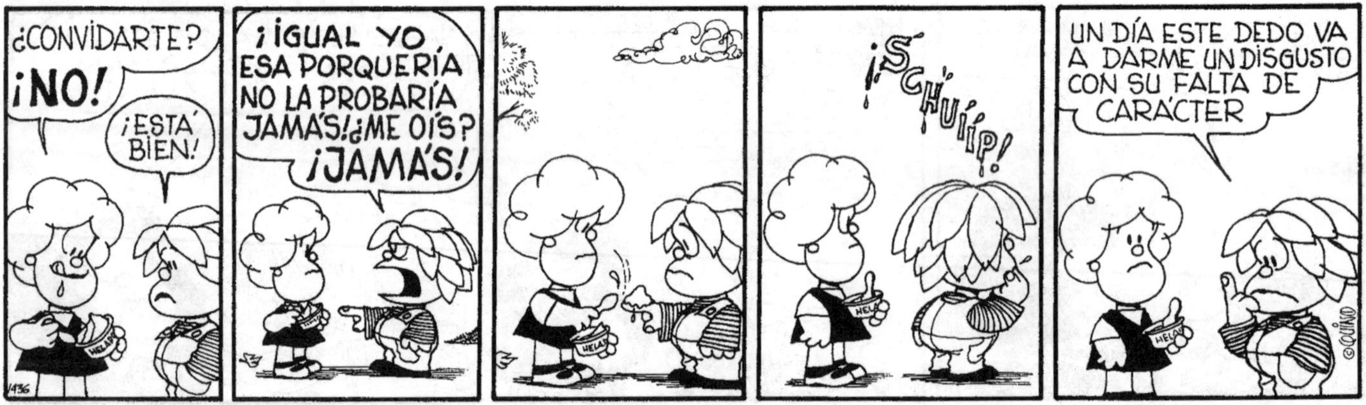
1436
¿CONVIDARTE? ¡NO!
¡ESTÁ BIEN!
¡IGUAL YO ESA PORQUERÍA NO LA PROBARÍA JAMÁS! ¿ME OÍS? ¡JAMÁS!
¡SCHUÍÍP!
UN DÍA ESTE DEDO VA A DARME UN DISGUSTO CON SU FALTA DE CARÁCTER
© QUINO

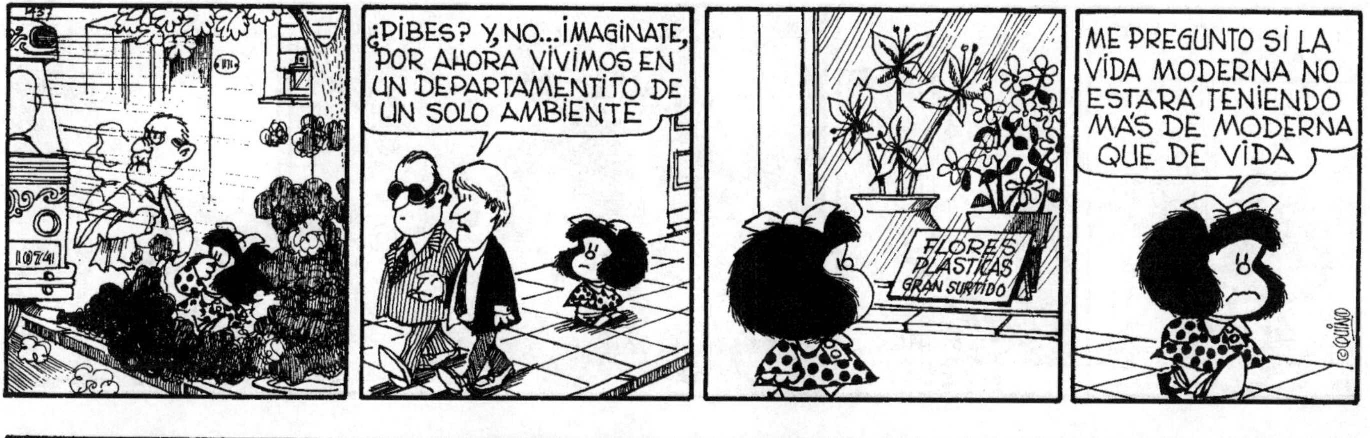
¿PIBES? Y, NO... ¡IMAGINATE, POR AHORA VIVIMOS EN UN DEPARTAMENTITO DE UN SOLO AMBIENTE
FLORES PLASTICAS
GRAN SURTIDO
ME PREGUNTO SI LA VIDA MODERNA NO ESTARÁ TENIENDO MÁS DE MODERNA QUE DE VIDA
©QUINO

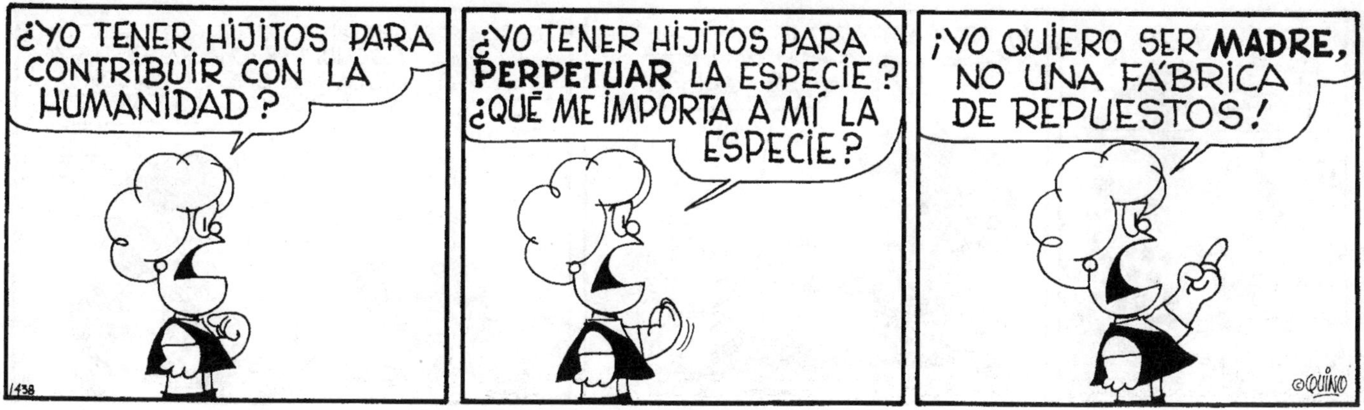
¿YO TENER HIJITOS PARA CONTRIBUIR CON LA HUMANIDAD?
¿YO TENER HIJITOS PARA **PERPETUAR** LA ESPECIE? ¿QUÉ ME IMPORTA A MÍ LA ESPECIE?
¡YO QUIERO SER **MADRE**, NO UNA FÁBRICA DE REPUESTOS!
1438
©QUINO

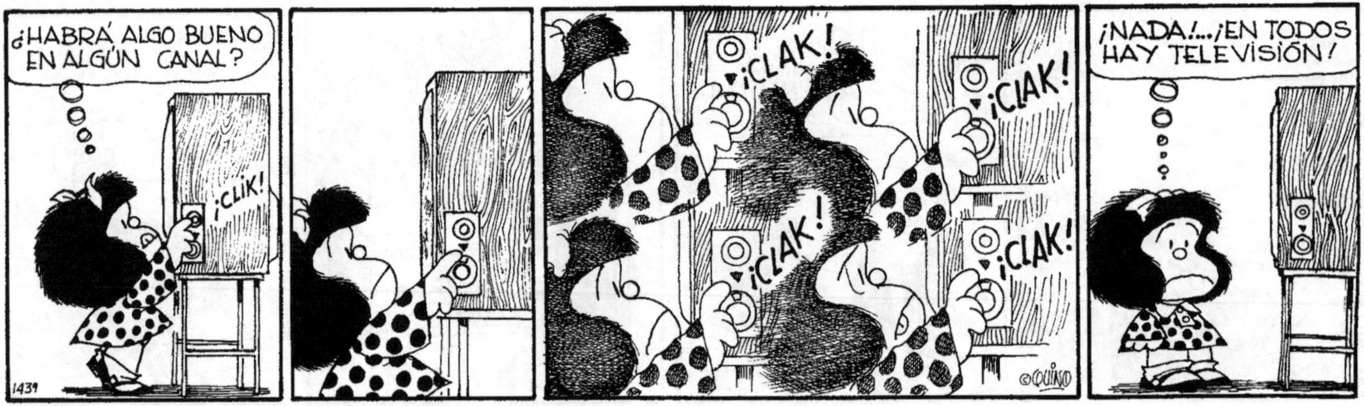
¿HABRÁ ALGO BUENO EN ALGÚN CANAL?
¡CLIK!
1439
¡CLAK!
¡CLAK!
¡CLAK!
¡CLAK!
©QUINO
¡NADA!...¡EN TODOS HAY TELEVISIÓN!

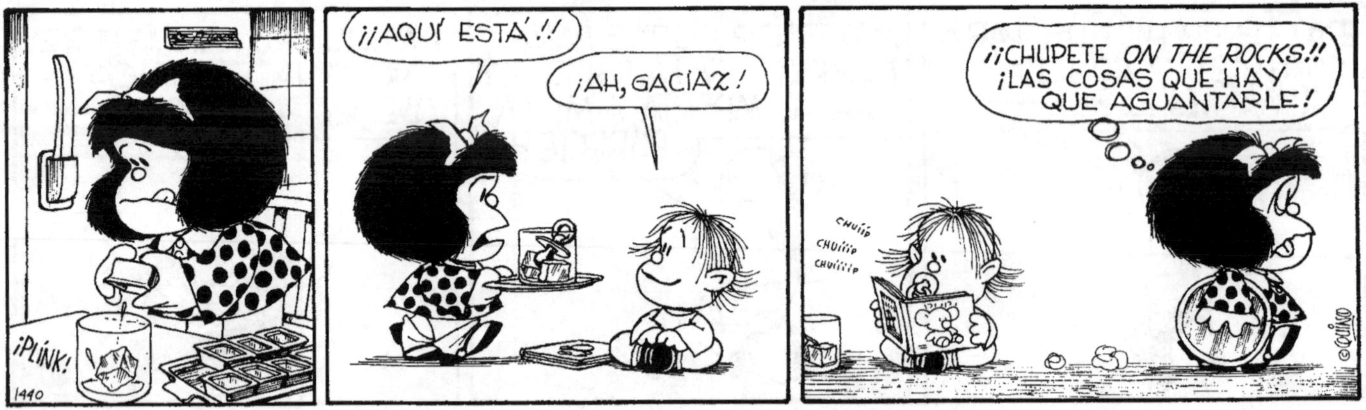
¡PLÍNK!
1440
¡¡AQUÍ ESTÁ!!
¡AH, GACIAZ!
CHUiíP
CHUiííP
CHUiíííP
¡¡CHUPETE *ON THE ROCKS*!!
¡LAS COSAS QUE HAY QUE AGUANTARLE!
©QUINO

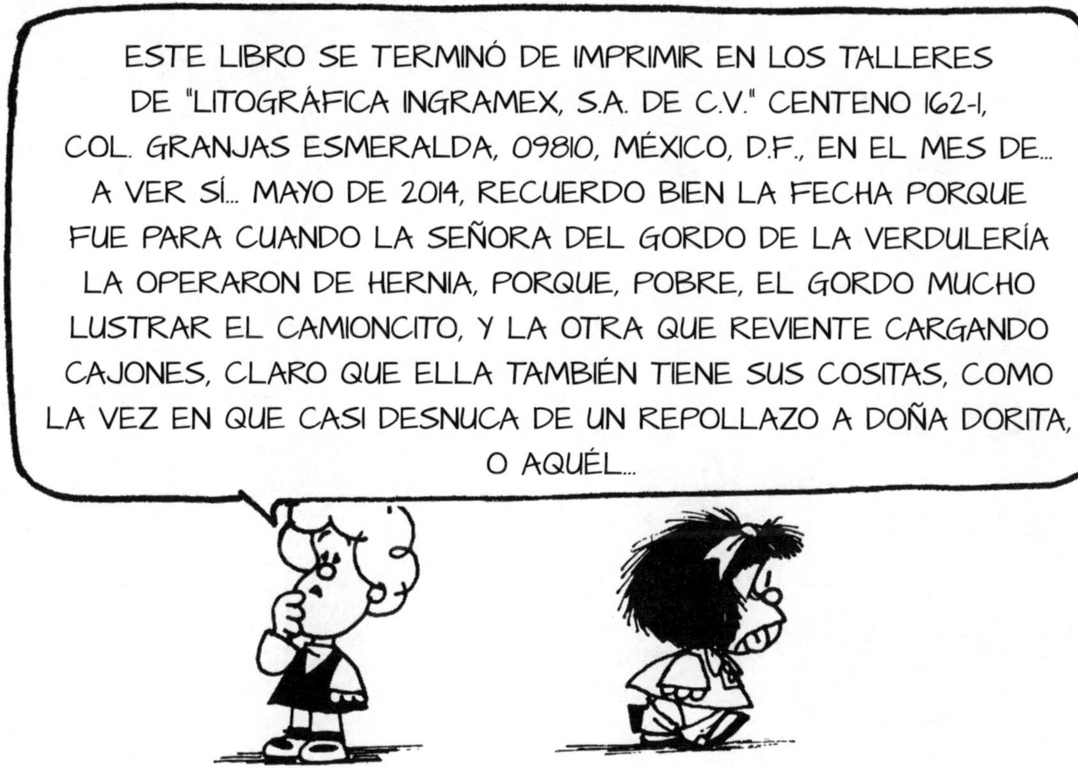
ESTE LIBRO SE TERMINÓ DE IMPRIMIR EN LOS TALLERES DE "LITOGRÁFICA INGRAMEX, S.A. DE C.V." CENTENO 162-1, COL. GRANJAS ESMERALDA, 09810, MÉXICO, D.F., EN EL MES DE... A VER SÍ... MAYO DE 2014, RECUERDO BIEN LA FECHA PORQUE FUE PARA CUANDO LA SEÑORA DEL GORDO DE LA VERDULERÍA LA OPERARON DE HERNIA, PORQUE, POBRE, EL GORDO MUCHO LUSTRAR EL CAMIONCITO, Y LA OTRA QUE REVIENTE CARGANDO CAJONES, CLARO QUE ELLA TAMBIÉN TIENE SUS COSITAS, COMO LA VEZ EN QUE CASI DESNUCA DE UN REPOLLAZO A DOÑA DORITA, O AQUÉL...